관세음보살이여 ── 관세음보살이여

관세음보살이여 — 관세음보살이여

당신은 누구시길래
늘 내 편이 되어 나를 도와주시나요

김호성 지음

불광출판사

관세음보살의 목소리

부처님께서는 "모든 것은 인연에 따라서 일어나고, 인연에 따라서 사라진다"라고 말씀하셨습니다. 정말 그렇습니다. 저의 책 『관세음보살』◆은 인연에 따라서 출판이 되었다가, 인연에 따라서 절판되고 말았습니다.

이제 관세음보살 이야기는 새로운 인연을 만나서 다시 태어납니다. 이렇게 기사회생할 수 있었던 데는 안팎의 인연이 모여서 가능했습니다. '안의 인연'에 대해서는 뒤의 본문에서 충분히 말씀드리게 될 것입니다.

그런 까닭에 여기서는 '바깥의 인연'에 대해서만 말씀드리면서 감사드리고자 합니다. 그 '바깥의 인연'은 한 독자분의 메일을 받음으로써 촉발되었습니다. 이제 절판된 『관세음보살』이 널리 읽혔으면 좋겠다는 희망 사항을 전해주신 것입니다.

◆   민족사, 2010.

2022년 12월 1일 아침의 일이었습니다. 그 아침에, 저는 관세음보살의 목소리를 들었습니다. "『관세음보살』을 다시 살려내라"라는 목소리였습니다. 한 애독자분의 메일이 저의 내면에 잠들어 있던 씨앗을 불러일으켜서 새로운 싹을 틔워 주신 것입니다. 깊이 감사드립니다.

관세음보살의 목소리를 들은 그날부터 1년도 더 지나 『관세음보살』(이하 '구간')은 전반적으로 내용을 수정하고 보완하여, 새로운 책으로 탄생하게 되었습니다. 특히 다음 몇 가지의 큰 변화가 있었습니다.

첫째, 오류를 바로잡았습니다. 구간에 실린 『관음경觀音經』 중송(시詩)의 번역에서 몇 가지 오역이 있었습니다. 각주를 달아 어떤 오역을 하였고, 어떻게 고치는 것이 올바른지를 밝혔습니다.

둘째, 구간에 담았던 「백화도량발원문白花道場發願文」(이하 '발원문')의 번역을 보완하였습니다. 이 발원문은 원래 『백화도량발원문약해』(고려시대 체원 스님 저술, 해인사 소장) 속에 인용 형태로 전해져 왔습니다. 아쉽게도 현재는 『백화도량발원문약해』의 목판木板 두 장이 사라지고 말았습니다. 그 사라진 부분에 발원문의 원문 인용이 있었는데, 그 내용을 알 수 없게 된 것이 문제였습니다. 다행히 근래 사라진 부분이 포함된 필사본을 발견함으로써, 그동안 알 수 없었던 발원문의 누락된 부분을 새롭게 발굴, 복원할 수 있게 되었습니다. 그 덕분에 '완본

「백화도량발원문」을 새롭게 제시할 수 있게 된 것입니다. 이번 책에서는 해당 부분에 각주를 달아 이런 인연을 밝혔습니다.

셋째, 역자 구마라집(鳩摩羅什, 344~413)이 애당초 『관음경』을 번역할 때 누락하였던 중송의 일곱 송을 범본梵本(산스크리트본)으로부터 새롭게 번역하여 추가했습니다. 비로소 '완본 『관음경』'을 접할 수 있게 된 것입니다. 놀랍게도, 새로 찾은 일곱 송 중 다섯 송은 아미타불과 관세음보살, 『무량수경』과 『관음경』의 밀접한 관계를 보여주는 것이었습니다. 이를 통해 관세음보살의 이미지에 대한 보다 완전한 이해를 얻을 수 있게 되었습니다.

넷째, 구간을 집필하던 2010년 당시와 지금(2024년), 관세음보살을 바라보는 저 자신의 관점의 변화가 드러나 있습니다. 『무량수경』을 중심으로 아미타 부처님의 마음을 읽어온 덕분입니다. 구간이 아직은 '중생주의(자력신앙)'를 완벽히 벗어나지 못하였음에 반하여, 이 책에서는 '관세음주의(타력신앙)'의 입장을 명확히 하게 되었습니다. 이런 이유로 1부의 제1장과 제2장은 구간의 내용을 거의 그대로 이어받은 것과는 달리, 나머지 부분, 즉 1부의 제3장에서 제5장까지와 2부 전체는 거의 새로운 내용으로 채워졌습니다. 그동안 저의 신앙의 변천을 반영하여 2024년의 입장에서 2010년을 조정하도록 조언해준 분은 정토문헌학회 회장 미탄 스님입니다. 감사드립니다.

다섯째, '독자 입장'에서의 요구 사항에 대해서 응답하였습니다. 책은 대개 저자가 일방적으로 메시지를 발신하는 것으로 그치는 경향이 없지 않습니다. 이때 '독자' 역할을 하면서 보완을 요구하는 목소리가 전달된다면, 저자로서도 대단히 고마운 일이 아닐 수 없습니다. 그 역할을 불광출판사 편집부의 여러 선생님들이 해주셨습니다. '관세음보살에 관한 대표적인 책이 되었으면 한다'라는 입장에서 좀 더 쉽게, 불교를 모르는 사람들에게도 쉽게 이해될 수 있도록 조언해 주셨습니다.

이렇게 다각적으로 수정하고 보완하다 보니, 애초에 개정 증보판으로 시작하였으나, 아예 '새로운 책'이 되었습니다. 그래서 책 이름 역시 새로 붙이게 되었습니다.

이 책을 집필하는 동안 저는 관세음보살의 목소리를 깊이 들으면서, 관세음보살의 목소리를 전해 드리고자 애썼습니다.

물론, 이 책을 출판해 주시는 불광출판사 편집부의 여러 선생님들, 그리고 이 책을 손에 들고 읽어주시는 모든 독자분들 역시 관세음보살께서 불러주시는 목소리를 이미 들으신 분들입니다. 한번 관세음보살의 목소리를 들은 적이 있는 관음신앙자라면, 관세음보살의 목소리를 인연으로 해서, 비록 보이지 않을지라도, 이 세상을 자비로운 땅으로 만들어 가고 있는 것 아니겠습니까.

고맙고도 고마운 일입니다.

관세음보살, 관세음보살, 관세음보살

불기 2568(2024)년 7월 20일
김호성 합장

차례

2부 　새로 찾은 관세음보살

관세음보살
입문

관세음보살觀世音菩薩은 어떤 분인가? 왜 관세음보살은 존재하는가? 또 관세음보살을 믿고 염불하면 어떤 이익이 있는가? 이 책은 바로 이러한 질문들에 대한 대답으로서 기획된 것입니다. 뒤의 1부와 2부에서 집중적으로 말씀드리겠지만, 본격적인 논의에 들어가기 전에 간략한 소개도 필요할 것 같습니다. 특히 아직 불교에 익숙하지 않은 독자들을 위해서입니다.

관세음보살을 소개합니다

부처님 이전의 법

불교는 석가모니 부처님으로부터 출발합니다. 일단은 그렇게 말씀드릴 수 있습니다. 석가모니 부처님은 어느 날 새벽에 인도 비하르Bihar주 보드가야Bodhgaya의 보리수 아래에서 샛별을 보고, 깨침을 얻었습니다.

샛별은 하나의 기연機緣일 것입니다. 우리가 아무나, 아무 때나 샛별을 쳐다본다고 해서 깨달음을 얻을 수는 없을 것입니다. 이 기연은 깨닫는 사람들마다 각기 다를 수밖에 없기 때문입니다. 기연을 만나기 전에, 안에서 가득 차오르는, 잔뜩 부풀어 올라서, 무엇이 부딪치더라도 터질 수밖에 없는 것이 있어야 할 것입니다.

그러면 부처님께서는 무엇을 깨달았을까요? 학자들은 초기 경전의 말씀을 조사하여, 그 대답을 다양하게 내놓고 있습니다. 연기緣起를 깨달았다, 중도中道를 깨달았다, 사성제四聖諦를 깨달았다 등으로 말합니다. 그런데 저는 좀 생각을 달리합니다. 그러한 교설들은 부처님께서 중생들을 깨달음의 세계로 이끌기 위해서 내놓으신 말씀이지, 깨달음 그 자체라고 하

12

기는 어렵기 때문입니다. 그러면 깨달음 그 자체는 무엇인가? 무엇을 깨달았는가? 저의 대답은 '모른다'입니다. 왜 모르는가? 저 자신이 깨달음을 얻지 못했기 때문입니다. 그래서 '모른다' 는 그것을 저는 'X'로 표현해 왔습니다. 부처님의 깨달음 체험 은 알 수 없습니다. 미지수입니다. 연기 등등의 설법 내용은 그 X에 대한 해석이거나 X로 가기 위한 방법론이라고 봅니다.

여기서 우리는 질문하지 않을 수 없을 것입니다. 그 X는 석가모니 부처님만이 유일하게 가능한 것인가? 아니면, 누구나 그 X를 체험할 수 있는가? 만약 전자가 그 답이라면 석가모니 부처님이 굳이 설법하실 필요가 없거나, 아니면 설법을 하셨더라도 그 내용이 지금과는 많이 달라졌을 것입니다. 석가모니 부처님은 당신께서 X의 체험을 하였을 때, 그것이 가능했던 이유는 바로 법法(dhamma, 진리)이 부처님의 출현 여부와는 무관하게 존재해 왔고, 존재하고 있으며, 존재할 것이라는 점을 말씀하시고 있기 때문입니다. 「상응부 경전(Saṁyutta-nikāya)」 2권의 말씀을 직접 들어보겠습니다.

비구들이여! 연기란 무엇인가? 생生을 조건으로 노사老死 가 있다. 이 계界(dhātu)는 여래가 세상에 출현하든 출현하 지 않든 확정되어 있으며, 법으로서 확립되어 있으며, 법 으로서 결정되어 있다. 즉 상의성相依性(idappaccayatā)이다.

참으로 중요한 이야기가 아닐 수 없습니다. 그 법의 발견자가 바로 부처님입니다. 그런데 '발견했다', '얻었다'라고 말을 해 왔으나, 사실상 그것은 능동能動의 체험이 아니라 수동受動의 체험입니다. 보리수 아래에서의 체험은 부처님께서 법으로 향해 간 것이라기보다는 법이 부처님을 향해서 왔다고 해도 좋을 것입니다.

'부처'라는 말은 범어로는 'Buddha'인데, 중국에서 번역할 때 '불타佛陀'로 음사音寫하였습니다. 이 '불타'에서 우리말 '부처'가 나왔습니다. 그러면 '붓다'는 무슨 뜻일까요? 범어에서 명사는 대개 동사로부터 옵니다. 붓다는 명사이지만, 동사 어근 '√budh'에서 온 것입니다. '알다, 깨닫다'라는 뜻을 가진 동사 √budh를 과거분사 형태로 만들면 'buddha'가 됩니다. 과거분사는 완료·수동의 의미를 띄므로, '깨달아진'이라는 뜻이 됩니다. '깨달은'이 아니라 '깨달아진' 것입니다. 물론, 그 찾아간 법을 맞이하여 깨침이라는 X의 체험을 하게 되는 것은 부처님께서 준비되어 있었기 때문일 것입니다. 준비하지 않는 사람에게 기회는 오지 않습니다.

이 말씀을 왜 드리느냐 하면, 불교의 출발이 부처님, 즉 석가모니 부처님이라는 것은 사실이지만, 동시에 그렇게만 알아서는 안 된다는 점을 말씀드리기 위해서입니다. 불교가 석가모니 부처님의 깨달음으로부터 출발하는 것은 사실입니다. 하지만 곰곰 생각해 보면 그 깨달음 이전에 '법'이라는 것이 먼저 존재하고 있다는 것을 말씀드리기 위해서입니다. 법이 불에 앞선다는 것입니다.

아바타 부처님

부처님 이전에 법이 존재하고 있었다면, 그 법에 의하여 깨달 아지신 분이 오직 룸비니 동산에서 태어나셨던 싯다르타 태자만은 아니지 않겠습니까? 법이 오직 석가모니 부처님만을 깨닫게 할 수 있는 것만은 아니지 않겠습니까? 석가모니 부처님 이전에도 깨달아진 부처님들은 있었지 않겠습니까? 석가모니 부처님 이전, 과거 세상에도 부처님이 계셨다는 신앙이 이렇게 해서 등장합니다. 이른바 '과거칠불過去七佛'입니다. 그 과거의 일곱 부처님 중에 첫 번째 부처님은 비바시불毘婆尸佛 (Vipassī bhagavā)이고 마지막은 또 석가모니 부처님이라고 합 니다. 석가모니 부처님은 현재의 부처님으로는 첫 번째이지 만, 과거의 부처님으로는 마지막 부처님입니다.

과거에 부처님이 이미 존재했다면, 앞으로 다가올 미래에 도 얼마든지 X의 체험을 할 수 있는 부처님들이 수많이 존재할 수 있을 것입니다. 그 한 예로 미륵彌勒(Maitreya)불이 있습니 다. 미륵불은 지금은 도솔천兜率天이라는 천상세계에 계시지 만, 미래에 지상으로 하강한다고 미륵 경전들에서 말합니다.

시간적으로만 그런 것이 아닙니다. 공간적으로도 수많은 부처님을 이야기합니다. 우리가 사는 이 세계만이 존재들의 세계는 아니라고 보기 때문에, 많은 공간이 있습니다. '시방세 계十方世界'라는 표현이 있습니다. 시방은 동서남북의 사방四 方과 네 간방間方, 그리고 상하上下를 말합니다. 그러한 공간들 에 무수히 많은 부처님이 계십니다. 제불諸佛의 불국토입니다.

그 대표적인 공간이 바로 서방西方 극락세계입니다. 바로 아미타불의 세계입니다.

'법'이 석가모니 부처님보다 먼저 존재한다는 생각이 마침내는 시간적으로나 공간적으로나 그 '법'을 깨친 분들이 수없이 많이 존재한다는 생각으로 발전합니다. 이렇게 부처님이 수도 없이 많이 존재한다고 말하는 불교가 바로 대승불교입니다. 부처님들이 많이 계시지 않고, 오직 석가모니불만이 있다면 우리의 성불 가능성은 확보되기 어려울 것입니다. 그렇게 되면 불교는 성불의 종교가 아니게 될 것입니다.

앞서 이미 부처님이 깨치신 법은 부처님의 출현 여하와는 무관하게 존재한다는 「상응부 경전」의 말씀을 인용하였습니다. 그 말씀이 없었다면, 결코 대승불교는 존재할 수 없습니다. 그 말씀이 있었기에 초기불교가 대승불교로 나아가는 것이 필연이 되었습니다. 초기불교는 결코 초기불교로만 멈출 수 없는 성격을 그 자체로 갖고 있었던 것입니다. 마찬가지로 대승불교는 결국 초기불교의 가르침을 동어 반복하는 것이라 봅니다. 한 가지 목소리(일음)입니다. 초기불교와 대승불교는 결국은 일음교一音教입니다. 저는 그렇게 봅니다.

이런 맥락에서 볼 때, 석가모니 부처님의 존재 자체가 재해석됩니다. 석가모니 부처님으로부터 불교의 시작을 말하지 않고, 석가모니 부처님 이전에 이미 존재하고 있는 '법'으로부터 불교의 시작을 말하게 되는 것입니다. 그 '법'을 인격화하여 법신불法身佛, 즉 '법으로서의 부처님'이라 말합니다. '법을 몸으로 삼는 부처님'이라는 말입니다.

그 부처님, 즉 법신 부처님이 가장 먼저 언급되어야 할 부처님입니다. 석가모니 부처님에 앞서 존재하는 부처님입니다. 그 이후에 '법', 즉 제가 X라고 말한 그것을 깨치신 많은 부처님들이 있습니다. 수행의 결과 그 법을 맞이할 채비를 한 것이고, 끝내는 '얻게 된' 것이며, '깨닫게 된' 것입니다. 그렇게 수행의 결과 '과보果報를 얻은 부처'를 보신불報身佛이라고 합니다. 예컨대, 서방 극락세계의 아미타불 같은 분을 보신의 부처님이라고 부릅니다.

그런데 저는 개인적으로는, 석가모니 부처님 역시 보신의 부처로 볼 수 있다고 봅니다. 수행의 결과 부처님이 되었기 때문입니다. 그렇지만 불교의 역사에서는 보신으로 보지 않습니다. 왜냐하면, 석가모니 부처님께서 룸비니 동산에서 태어나시고 보리수 아래에서 깨닫게 된 일은 모두 우리 중생들을 제도하시기 위하여 그렇게 나타내 보였던 것이기 때문입니다. 지금 제가 "나타내 보였"다고 말을 했습니다만, 그것을 표현하는 적절한 말이 있습니다. 바로 화신化身입니다. 화신의 '화'는 '변화하다'라는 뜻입니다. 다양하게 변화할 수 있지만, 이번 생에는 사바세계의 중생들을 제도하기 위하여 싯다르타 태자로 태어나시고 보리수 아래에서 부처가 되었다고 생각된 것입니다.

이리하여 석가모니 부처님은 법신, 보신, 그리고 화신으로 일컬어지는 불신佛身에 대한 사색에서 세 번째로 자리합니다. 절에서 재齋를 지낼 때 외는 염불 중에 '십념十念'이라는 것

이 있습니다. 불, 법, 승 삼보를 아울러서 그 이름을 열 번 칭념
稱念하는 것인데요. 이렇게 시작됩니다.

> 청정법신 비로자나불,
> 원만보신 노사나불,
> 천백억화신 석가모니불

법신불은 청정한 존재인데, 그 이름은 비로자나불입니다. 보
신불은 원만한 존재인데, 그 이름은 노사나불입니다. 화신불
은 천백억으로 몸을 변화시키는 존재인데, 그 이름은 석가모
니불입니다.

초기불교와 그 전통을 잇는 남방불교에서는 오직 석가모
니불만을 말합니다. 석가모니불이 첫 번째입니다. 하지만, 대
승불교에서는 세 번째로 옵니다. 이것이 바로 대승불교입니
다. 이에 대해서 석가모니 부처님께서는 어떻게 생각하실까
요? 섭섭하다 생각하실까요? 아니면, 정곡을 찔렀다고 할까
요? 역시 내 가르침을 알아듣는 지음知音이 있었구나, 하면서
반갑게 생각하셨을까요? 크게 칭찬하실 것입니다. 바로 그 이
야기를 하시기 위하여 45년간 설법하셨기 때문입니다.

석가모니 부처님은 화신입니다. 그 화신이라는 말은 인도
에서는 '아와타르(혹은 아바타르avatar)'라고 합니다. 그것을 지금
우리나라에서는 '아바타'라고 말하는 것입니다. 석가모니 부
처님께서 '아바타 부처님'이라는 것을 생각할 때, 부처님의 자

비에 깊이 감읍感泣하게 됩니다. 중생을 구제하려는 자비심에서 아바타로 출현하시는 것이기 때문입니다.

아바타 보살님

이제 석가모니 부처님이 아바타 부처님이라는 점을 알 수 있습니다. 그렇다면, 관세음보살이라고 할 때의 '보살'은 어떤 존재일까요? 이 해석을 통해서, 우리는 비로소 관세음보살이라는 보살에게 더 가까이 다가갈 수 있으리라 봅니다.

　'보살'이라는 말은 '보리살타菩提薩埵'의 줄임말입니다. 보리살타는 범어 '보디사트바bodhisattva'를 소리로 베낀 음사어音寫語입니다. 물론 뜻으로 번역하는 것도 가능합니다. '보디bodhi'는 깨달음이라는 말입니다. 앞서 부처님을 말할 때 'Buddha'라고 하였지요. 그때 그 명사의 동사 어근은 √budh이며, '알다, 깨닫다'라는 뜻이라고 이미 말씀드렸습니다. '보디' 역시 같은 동사로부터 옵니다. √budh의 명사형으로서, '앎, 깨달음'이라는 뜻입니다. 다음, '사트바sattva'는 '중생衆生' 혹은 '유정有情'으로 번역됩니다. 그러니까, 보디사트바는 보디를 향해 가는 사트바, 즉 깨달음을 향해서 나아가는 구도자를 말합니다.

　다음으로, 불교 교리 안에서 이 '보살'의 출현을 생각해 볼 차례가 되었습니다. 석가모니불이 보리수 아래에서 깨달음을 얻게 되었다고 했습니다. 그러면 중생들은 이렇게 생각할 수 있습니다. '과연 부처님께서 6년의 고행을 하고, 또 고행의 무의미함을 자각하고서 보리수 아래에서 선정을 수행한 금생의 노력만으로 그러한 위대한 깨달음을 얻게 되었을까?' 이러한 질문은 이미 초기불교 당시에서부터 있었던 것 같습니다. 초기불교의 경전 중에 『본생담本生譚』이라는 것이 있는데, 팔리어Pali語로는 '자타카Jātaka'입니다. 석가모니 부처님께서 전생에서 이러저러한 선행이나 수행을 통해서 금생에 비로소 부처를 이루었다는 이야기를 모아놓은 것입니다.

이 자타카, 즉 전생의 수행으로 금생에 깨닫게 되었다는 이야기야말로 초기불교와 대승불교를 잇는 다리입니다. 초기불교 경전에도 자타카가 있고, 대승불교 경전에도 자타카가 있기 때문입니다. 예컨대 대승 경전 중에서 『무량수경無量壽經』과 같은 경전은 '아미타불의 자타카'라고 할 수 있습니다. 초기불교나 대승불교나 다 '전생'을 말합니다. 전생을 말하는 한, 윤회를 말해야 합니다. 서양의 합리주의적 세계관으로는 쉽게 설명할 수 없는, 윤회와 같은 이야기를 하는 것은 초기불교나 대승불교나 같다는 것입니다.

이러한 윤회의 과정 속에서 다시 윤회로부터 벗어나는 성불의 길을 걸어가는 것, 그렇게 노력해 가는 존재가 '보살'입니다. 물론 이 단계의 보살은 아직 부처는 아닙니다. 하지만, 장차 부처가 될 것입니다. 우리 모두 이런 의미에서 보살이라 할 수 있습니다. 여성 불자들만 '보살'인 것은 아닙니다.

여기서 다시 앞서 드린 말씀을 상기해 보아야 할 것 같습니다. 자타카의 내용은 부처를 이루기 전의 부처님, 즉 보살이 부처를 이루기 위해서 다른 중생들에게 많은 이익을 베풀고, 스스로를 희생하는 이야기를 담고 있습니다. 이때 그러한 구도자를 '보살'이라고 했습니다.

그런데 더 나아가서 이미 부처님이 된 분들이 중생을 위하여 마치 자타카에서 볼 수 있는 것처럼, 중생 제도를 위한 행위를 합니다. 그런 경우에도 '보살행'이라 말합니다. 보살로서 행위하셨다는 뜻이지요. 원래는 부처님이신데 중생 제도를 위하여 보다 아래 지위인 보살의 단계로 내려와서, 즉 보살로 나타나서 중생을 위한 일을 하십니다. 이 역시 아바타입니다. 앞서 부처님 가운데 '아바타 부처'가 있다고 했습니다만, 보살 중에서도 '아바타 보살'이 있습니다. 이러한 모습을 우리는 역시 '보살'이라 부르는 것입니다.

이렇게 '보살'이라는 말은 두 가지 의미를 가지고 있음을 알 수 있습니다. 부처가 되기 전의 보살과 부처가 된 이후의 보살입니다. 전자를 '진짜 보살'이라는 뜻에서 '실보살實菩薩'이라 합니다. 실제로 보살이라는 뜻입니다. 그에 반하여 후자의 경우는 '권보살權菩薩'이라 합니다. '권세 권權'이라는 한자에는 '방편方便(upāya)'이라는 뜻도 있습니다. 중생 제도의 방편으로 부처님이 보살로서 나타났다고 할 때는 권보살입니다.

우리가 잘 아는 보살님들을 한번 생각해 볼까요? 「예불문」에 나오는 '대지大智 문수사리보살, 대행大行 보현보살, 대비大悲 관세음보살, 대원본존大願本尊 지장보살' 모두 권보살들입니다. 이분들은 이미 부처가 되었으나, 중생을 제도하기 위하여 다시 스스로 보살의 지위로 내려가서 활동하시는 분들이기 때문입니다.

이 책의 주인공 관세음보살에는 통상 '넓고 큰 자비'를 가진, 즉 '대비'라는 형용사가 동반됩니다. 문수, 보현, 지장보살 등, 그 어떤 보살이 자비롭지 않겠습니까. 하지만, 관세음보살이 더욱더 '자비'에 힘을 기울인다는 것입니다. 뒤에서 말씀드리겠습니다만, 중생들이 많기에 보살님도 많습니다. 중생들의 고뇌와 고통이 다양하기에 관세음보살 자체도 다양한 변화의 몸(아바타)을 나타냅니다.

그 한 예가 천수천안관세음보살입니다. 『천수천안관세음보살광대원만무애대비심대다라니경千手千眼觀世音菩薩廣大圓滿無碍大悲心大陀羅尼經』(원본 『천수경』)에서는 천수천안관세음보살은 원래 '정법명여래正法明如來'라는 부처님이라고 말씀하시고 있습니다. 다른 '화신 관음(=관음의 화신)'들도 원래는 다 부처님이셨을 것입니다. 수많은 부처님이 계셔서 중생을 제도하고, 혹은 수많은 보살의 모습으로 나타나셔서 중생을 제도하십니다. 보살 역시 다시 그 아바타를 나타냅니다. 수많은 중생들이 있기 때문이고, 중생들에게는 수많은 고뇌와 고난이 있기 때문입니다. 그런 보살들 중에 크게 자비로운 분, 관세음보살이 있습니다.

긴급 구제에서 성불의 길잡이까지

앞에서 '보살'의 존재를 어떻게 이해할 수 있는지 살펴보았습니다. 그 기준은 바로 부처님의 가르침 자체였습니다. 좀 더 정확히 말씀드리면, 부처님 이전에 존재하고 있는 법에 대한 부처님의 가르침에 의거하는 것이었습니다. 이제 그러한 맥락에서 출현하는 관세음보살은 어떤 존재인지를 말씀드리고자 합니다.

관세음보살의 '관세음'에 해당하는 범어는 '아발로키테스바라avalokiteśvara'이며, '보살'에 해당하는 말은 '보디사트바bodhisattva'입니다. 'avalokiteśvara'라는 말은 두 가지 의미로 해석할 수 있습니다. 하나는 'avalokita(관觀)'와 'īśvara(자재自在)'라는 말이 합해진 것으로 보는 것이고, 다른 하나는 'avalokita'와 'svara(음音)'가 합해진 것으로 보는 것입니다.

우선 '관자재觀自在'로 해석하는 경우, 이때 '관자재보살'은 관세음보살의 다른 이름입니다. 『반야심경般若心經』에서는 관세음보살을 '관자재보살'이라 표현하고 있습니다.

'관음觀音'이라 해석할 경우, 이때 '소리를 관찰하다'의 '소리'는 세상 사람들이 고뇌하고 고통받는 소리라고 볼 수 있습니다. 그렇기에 범어에는 없었던 '세상 세世'라는 한자를 더 넣어서 옮기는 것도 문제는 없습니다. 오히려 훌륭한 번역이라 할 수 있을 것입니다. 다만, 'avalokitasvara'가 어떻게 해서 'avalokiteśvara'가 되었는가 하는 점이 설명되어야 합니다. 이에 대해서는 발음의 편의상 그렇게 변화했을 것이라는 견해가 제시되어 있습니다.

앞의 두 가지 해석 중 후자가 『법화경』「관세음보살보문品觀世音菩薩普門品」(『관음경』)에서 말하는 관세음보살의 정의에 좀 더 가깝게 부합합니다. 거기에서는 다음과 같이 말하고 있기 때문입니다.

> 선남자여, 만약 무량백천만억의 중생이 여러 가지 고뇌를 받고 있을 때 이 관세음보살[의 이름]을 듣고서는 일심一心으로 이름을 부른다면, 관세음보살은 즉시 그 음성을 관찰하시고 모두 벗어나게(解脫) 하실 것이다.

'중생들의 고뇌하는 음성을 관찰하신다'라고 말씀하고 있습니다. 구체적으로 『관음경』은 그 고뇌의 대표적인 예로서 칠난七難, 삼독三毒, 이구二求 등을 제시합니다. 이 중에 칠난, 즉 일곱 가지 고난은 긴급히 그 해결이 요구되는 상황을 말합니다. 대표적으로는 물이나 불과 같은 자연재해로부터의 피해가 있습니다. 그 상황 속에서 해탈한다는 것은 물리적이고 현세적인 차원에서입니다.

이때 관세음보살은 긴급 상황 속에서 구제해 주시는 구제자입니다. 하지만, 그러한 이미지의 관세음보살만 존재하는 것은 아닙니다. 왜냐하면 우리가 긴급한 삶의 현실적 조건으로부터 벗어나는 것도 물론 중요합니다만, 불교의 궁극적인 목적은 그것이 아니기 때문입니다. 불교의 궁극적 목적은 무엇일까요? 이 글을 쓰는 저의 성불이고, 이 글을 읽으시는 독자 여러분들의 성불입니다. 이 '긴급 구제'와 '성불' 사이에서 관세음보살은 활동하고 계신 것입니다.

저와 여러분의 성불을 위하여 관세음보살은 어떤 활동을 하실까요? 어떤 경우에는 법을 설해 주시고, 어떤 경우에는 성불하기 좋은 조건을 갖춘 국토, 즉 극락세계로 인도해 주시기도 하고, 극락에 계시면서 극락에 오는 중생들을 맞이해 주시기도 합니다. 이 점에 대해서는 제5장(관세음보살과 아미타불)에서 자세히 말씀드릴 것이므로 여기서는 더 이상 말씀드리지 않겠습니다. 그저 관세음보살은 긴급 상황의 구제자이면서 동시에 성불의 길잡이 역할을 하시는 분이기도 하다는 점만 우선 기억해 두면 좋겠습니다.

관음신앙에는 무슨 이익이 있는가

우리나라 불교에서는 음력 24일을 '관음재일觀音齋日'이라 합니다. 전국의 많은 절에서 이 관음재일에 법회를 합니다. 불자님들이 모여서 관세음보살님께 기도를 올리는 것입니다. 천수천안관세음보살의 경전인 『천수경』을 읽고, 관세음보살 염불을 합니다.

왜 그럴까요? 관세음보살님을 믿고 관세음보살 염불을 하는 데 어떤 이익이 있을까요? '이익'이라고 하면 다소 세속적으로 들리지만, 불교에서도 공덕功德이라는 말을 통해서 사실상 이익을 말하고 있습니다. 어떤 공덕이 있을까요? 거룩하게 성불을 말하는 불교에서 다소 세속적일 수 있는 이익이나 공덕을 말하는 것은 무슨 이유에서일까요? '거과권수擧果勸修'라는 말이 있습니다. 결과를 보여줌으로써, 그러한 결과를 얻기 위한 수행을 권유한다는 것입니다.

경전에서 제시하는 이익들

『천수경』에서는 천수천안관세음보살의 다라니(신묘장구대다라니=대비주)를 읽고 외우면 얻을 수 있는 이익을 마흔 가지로 열거하고 있습니다. 제가『천수경의 비밀』*에서 한번 번역·정리한 바 있는데, 다시 인용하겠습니다.

첫째, 다라니를 독송하는 데 열 가지 이익이 있다고 합니다.

> ① 모든 중생이 안락을 얻는다.
> ② 모든 병이 낫는다.
> ③ 오래 산다.
> ④ 부자가 된다.
> ⑤ 모든 악업과 중죄를 소멸시킨다.
> ⑥ (모든) 장애와 어려움을 여의게 된다.
> ⑦ 모든 선행과 공덕을 더욱 많이 짓게 된다.
> ⑧ 모든 선근을 성취하게 된다.
> ⑨ 모든 두려움을 여의게 된다.
> ⑩ 모든 구하는 바를 속히 이루게 된다.

둘째, 열다섯 가지의 나쁜 죽음(惡死)을 당하지 않는다.

* 민족사, 2005.

① 굶어 죽지 않는다.

② 사형당하지 않는다.

③ 원수로부터 죽임을 당하지 않는다.

④ 전쟁터에서 전사하지 않는다.

⑤ 짐승에게 물려서 죽지 않는다.

⑥ 독사 등에게 물려서 죽지 않는다.

⑦ 물에 빠져 죽거나 불에 타 죽지 않는다.

⑧ 독극물에 의해서 죽지 않는다.

⑨ 독충에 물려서 죽지 않는다.

⑩ 정신 착란으로 죽지 않는다.

⑪ 산이나 절벽에서 추락해 죽지 않는다.

⑫ 나쁜 사람이나 도깨비한테 홀려서 죽지 않는다.

⑬ 사악한 신이나 악귀에 의해서 죽지 않는다.

⑭ 나쁜 병에 걸려서 죽지 않는다.

⑮ 때 아닌 때 죽지 않고 자살하지 않는다.

셋째, 열다섯 가지의 훌륭한 삶(善生)을 산다.

① 민주적인 정치 지도자가 정치하는 곳에서
   살게 된다.

② 윤리적으로 선량한 나라에서 산다.

③ 평화롭게 살게 된다.

④ 선지식善知識(스승)을 만날 수 있다.

⑤ 언제나 건강한 신체로 건강하게 산다.

⑥ 깨닫고자 하는 마음이 견고하게 된다.

⑦ 계율을 잘 지킨다.

⑧ 가족들이 서로 사랑하고 화합한다.

⑨ 음식, 의복 등의 원하는 것을 항상 풍족하게 소유하게 된다.

⑩ 언제나 다른 사람의 공경을 받는다.

⑪ 재물을 도둑맞지 않는다.

⑫ 원하는 바를 모두 이루게 된다.

⑬ 천天과 용龍, 신중神衆들이 항상 옹호한다.

⑭ 언제나 불교가 흥하는 곳에서 살게 된다.

⑮ 올바른 법을 듣고 그 깊은 이치를 깨닫게 된다.

지금 시대 상황을 감안하면 다소 달라질 수도 있을 것입니다. 예를 들면, 나쁜 죽음에는 '교통사고로 죽지 않는다' 역시 들어갈 수 있겠지요. 『천수경』에서 말하는 관세음보살 신앙의 방법, 즉 신묘장구대다라니(=대비주) 독송으로 얻을 수 있는 이익이 이렇다고 하였습니다.

　뿐만 아니라 『관음경』에서 말하는 바, 관세음보살 명호名號(불보살의 이름을 높여서 부르는 말)를 외는 것으로 얻는 이익도 있습니다. 이른바 칠난, 삼독, 이구와 관련한 것입니다만, 그에 대해서는 뒤의 2부에서 자세히 논의하게 될 것입니다. 다만, 그 핵심만 말씀드린다면 뭔가 구하는 바가 있을 때 관세음보살의 이름을 부르면 소원이 성취된다고 하는 것입니다. 그 점은 이미 앞서 인용한『관음경』의 첫머리 부분에서 언급되었습니다.

앞서 말한『천수경』에서 말하는 40가지 이익과『관음경』의 12가지 이익을 합하면 52가지 이익이 됩니다. 당연히 관세음보살을 믿고 그 명호를 외는 것으로 얻는 이익이 다만 52가지로만 국한될 것은 아니라 봅니다. 경전에서의 구체적인 언급은 몇 가지 사례에 지나지 않을 수 있습니다. 일체중생들이 고뇌하고 고난에 처했을 때 낼 수밖에 없는 SOS가 그저 52가지로 한정되지 않기 때문입니다. 그것이 경전의 취지에도 더욱 맞을 것으로 봅니다.

이루어지지 않는 소원들

여기서 우리가 깊이 생각해 보아야 할 것이 있습니다. 과연 경전에서 설하는 이익과 공덕이 다 이루어지는 것인가? 안 이루어질 경우도 있지 않을까요? 당연히 있다고 봅니다. 그렇다면 왜 안 이루어질까요? 염불하는 데 성의가 부족해서 그럴까요? 성의가 부족하다면 성취되지 않을 수 있겠지요. 그러나 최선을 다하고 성의를 다했다고 합시다. 그래도 이루어지지 않는 경우들이 있으리라는 것입니다. 현실적으로 불가능한 일이 있기 때문입니다.

예를 들면, 저희 교수들도 정부 출연 연구비를 받기 위해 연구계획서를 제출하고 심사를 받습니다. 그리고 채택이 되면 연구비를 지원받고, 채택되지 못하면 연구비를 지원받지 못합니다. 공모 분야가 다양하지만, 어떤 분야에나 많은 지원자가 있습니다. 가령, 그 지원자들이 다 관세음보살 염불을 하고 관세음보살님께 간절한 마음으로 기도를 한다고 합시다. 그렇게 했음에도 불구하고, 관세음보살 염불을 한 모든 지원자들이 다 소원을 이룰 수는 없습니다. 그 이유는 이 공모사업에 배정된 예산으로는 모든 지원자를 다 지원할 수 없기 때문입니다.

대학입시와 관련해서도 마찬가지입니다. 매년 수능이 가까이 다가오면, 많은 절에서 대학입시합격기도를 합니다. 수험생의 부모님들이 절에 와서 기도를 합니다. 당연히 관세음보살 염불을 하는 분들이 대다수일 것입니다. 왜냐하면, 수많은 부처님과 보살님 중에서도 현세에서, 즉 우리가 살아가는 삶 속에서 이익을 주는 분은 관세음보살이기 때문입니다.

대학입시의 경우에도 그 성패는 대학의 입학 정원이 몇 명이며, 지원자는 몇 명인가 하는 점에서 판가름 나겠지요. 모든 지원자의 부모들이 간절한 정성으로 관세음보살 기도를 한다고 하더라도, 전부 합격할 수는 없다는 이야기가 됩니다. 불합격한 지원자의 부모님들도 다 간절한 기도는 했다고 봅니다.

그래서 대학입시기도를 비판적으로 이야기하는 경우도 적지 않습니다. 기복 불교라고 비판하기도 하며, 다 합격할 수 없는 처지에 '기도하면 합격할 수 있다'라고 내걸고 기도하는 것은 과대광고라고 비판하기도 하며, 더 나아가서 소원성취의 기도가 불교의 본령本領에 맞는가 하는 문제 제기도 합니다. 전해 들은 이야기입니다만, 어떤 절의 주지스님은 조상 천도 재나 사십구재는 하지만 입시기도는 하지 않는다고 합니다. 조상 천도나 사십구재는 정말 그 조상이 천도되어서 극락으로 가셨는지 어떤지 확인할 수 없으나, 대학입시기도는 확인 가능합니다. 소원이 성취되지 못한 경우에 항의를 받거나, 신도들 보기 민망하다거나 하는 이유에서라고 합니다.

이른바 '영험하다'는 말도 그런 식으로 쓰입니다. "어느 절 부처님이 영험이 없어서 소원이 이루어지지 않았다"라는 식으로 말입니다. 바로 그런 이유로 더 영험이 있는 다른 절로 옮기거나, 심지어는 더 영험 있게 보이는 다른 종교로 아예 옮겨가기도 한다는 것입니다.

그런데 여러 가지 문제점이 지적되고 있기는 합니다만, 저는 어떤 의미에서 보면 대학입시기도야말로 절에서 해야 하지 않나 하는 생각을 갖고 있습니다. 우리가 대학입시기도를 평가하는 시각을 조금만 바꾼다면, 그 이상 필요한 기도도 없지 않을까 생각되기도 해서입니다. 적어도 한국 사회에서는 말입니다. 솔직히 말씀드리면, 저는 '수험생 부모' 생활을 해본 일이 없습니다. 그래서 관념적으로 헤아릴 수밖에 없습니다만, 수험생이 되면 학생들은 많은 스트레스에 시달리게 되고 부모들도 스트레스가 적지 않을 것입니다. 이럴 때는 기도해야 합니다. 염불해야 합니다. 기도나 염불은 그 본래의 용도가 우리의 마음을 근본자리로 돌려놓는 데 있습니다. 기도하고, 염불하다 보면 조금은 평상심을 유지하는 데 도움이 될 것입니다. 부모들이 먼저 평상심을 유지할 수 있다면, 수험생인 자녀들에게도 좀 더 여유 있는 평상심을 줄 수 있을 것 아닌가 싶어서입니다.

여기서 일본 정토종의 개조 호넨(法然, 1133~1212) 스님의 이야기 하나를 말씀드리고자 합니다. 스님께서는 지병이 있으셨는데, 바로 학질瘧疾이었습니다. 지금 말로 하면 말라리아입니다. 이 병은 열이 급격하게 오르는 병이라 알고 있습니다. 그래서 한 번씩 열이 올랐다가 내렸다가 해서 적지 않은 고통을 받았다고 합니다. 뒷일을 부탁하기 위한 유언을 미리 써둘 정도였습니다. 그때 제자들이 스님께 제안을 했습니다. "스님, 저희들이 모여서 스님의 건강을 위해서 기도를 하려고 합니다. 어떻습니까?" 호넨 스님 아래로 출가한 제자들만 380명이었다 합니다. 대단히 많지요. 이 제자들의 제안에 스님은 이렇게 말씀하셨습니다. "기도한다고 해서 병이 낫는다면, 죽는 사람은 누가 있겠나?" 사실, 『무량수경』, 『아미타경阿彌陀經』, 『관무량수경觀無量壽經』을 보면 병이 들었을 때 '나무아미타불' 염불을 해서 치유할 수 있다는 이야기는 한마디도 언급되지 않습니다. 어디에도 나오지 않습니다. 누구보다 그 점을 잘 아시는 분이 호넨 스님이 아니겠습니까. 정토종 개조이니까 말입니다. 그런데, 스님께서는 한 마디 더 보탭니다. "그렇지만, 내가 아파서, 나의 건강을 위한다는 명목이지만, 그것이 '나무아미타불' 염불을 하는 인연이 된다면 어찌 나쁜 일이겠는가?"

바로 그렇습니다. 비록 우리가 기도하는 것으로, 염불하는 것으로 우리의 소원을 다 이룰 수 없다는 것을 우리는 다 잘 알고 있습니다. 그렇지만, 어떤 인연이든지 관세음보살 염불을 하도록 이끌어준다고 한다면 감사한 일이 아닐 수 없을 것입니다.

관세음보살 염불의 이익은 무엇인가

다시 『천수경』에서 말하는 마흔 가지 이익이나 『관음경』에서 말하는 열두 가지 이익을 자세히 들여다볼 필요가 있습니다. 그 약속들은 다 '개인'을 상대하고 있습니다. 사회나 공동체를 염두에 두고 있는 것은 별로 없습니다.

업에는 개인에게만 타당한 업이 있고, 공동체나 사회 전체에 타당한 업이 있습니다. 전자를 '별업別業'이라 하고, 후자를 '공업共業'이라 합니다. 별업이라는 범위 안에서 어떤 성취나 이익을 이루는 게 쉬울까요? 공업이라는 범위 안에서 어떤 성취나 이익을 이루는 게 쉬울까요? 당연히 별업이 쉽습니다.

공업이라는 것은 참으로 우리가 통제할 수 없는 인연이기 쉽습니다. 너무나 많은 인연들이 함께 모여서 결과를 가져옵니다. 예를 들면, 전쟁이 난다. 이것은 공업입니다. 그러한 공업으로 인해서 개인의 운명은 크게 영향을 받습니다. 기후 변화와 같은 자연재해도 그렇지 않습니까? 홍수, 지진, 태풍, 폭염 등 어떤 것도 개인이 통제할 수 없습니다. 우리는 정말 우주 안에서 '하나의 작은 알갱이'에 지나지 않을지도 모릅니다. 한 개인으로서 어쩔 수 없는 일 앞에서, 우리는 가끔 '운명'이라는 말로 스스로를 위로하게 됩니다. 그러나 운명이라는 말이 얼마나 부조리한 말입니까?

앞에서 말씀드린 것처럼, 별업의 차원에서도 소원이 이루어지지 않는 경우는 얼마든지 있으며, 공업의 차원에서는 더욱더 소원이 이루어지지 않는 경우가 많을 것입니다. 우리가 아무리 정성을 다해서 간절한 마음으로 기도하고, 경전에서는 일심으로 칭명하면 이루어진다고 말씀하셨다 하더라도, 이루어지지 않는 일도 있다는 것입니다. 이럴 때 우리는 어떻게 하면 좋을까요? 부처님을 원망하고 관세음보살님을 외면할까요? 탓할까요?

저는 이 질문에 대한 대답에 종교(불교만이 아니겠지만, 불교는 더욱더)의 정의가 있는 것은 아닐까 생각합니다. 소원이 이루어지는 바로 그 자리에 종교가 있는 것이 아니라(아직도 그렇게 말하는 경우가 더 많을지도 모르지만) 오히려 소원이 이루어지지 않을 때, 세상만사가 우리 뜻대로 되지 않는 바로 그곳에 종교의 역할이 있는 것이 아닐까 합니다. 기도 성취가 이루어지지 않았음에도 불구하고, "문제없어. 괜찮아."라고 말할 수 있다면, 그것은 안심입명安心立命일 것입니다. 저는 안심입명이야말로 종교의 정의라고 봅니다. 종교는 안심입명을 주는 것이라고 말입니다. '안심'은 마음이 편안해지는 것이고, '입명'은 인생관을 정립하여 생사에도 흔들리지 않는 것을 말합니다. 종교인이라면 각자 안심입명을 구합니다. 안심입명할 수 있을 때 비로소 우리는 한 사람의 종교인이라 말할 수 있을 것입니다.

동국대학교 불교대학 인도철학과에 처음 들어와서 들은 이야기입니다. 저희 학과에는 교수님들이 네 분 계셨는데, 그 중 원의범元義範(1922~2017) 선생님의 말씀입니다. 반세기가 다 되어가는 옛날의 일입니다.

인도 철학을 공부해서 졸업 이후에 취직이 되는가? 어떤 분야에서 일할 수 있는가? 밥 먹고 살겠나? 그런 고민이 많을 줄 안다. 사실, 그렇다. 인도 철학은 현실에서 밥 먹는 문제를 해결해 주는 힘은 약하다. 어쩌면 전혀 도움이 되지 않을지도 모른다. 그러면 인도 철학은 해서 뭐 하느냐? 뭘 가르치고 뭘 배우는가? 인도 철학은 취직이 안 되고, 밥 먹는 문제를 해결하지 못해도 괜찮다는 것, 그것을 가르친다. 그것을 배워야 한다.

어린 우리로서는 현실과 동떨어진 말씀을 하시는 것 아닌가 그런 생각을 했습니다만, 세월이 지나면서 거듭 생각나는 말씀입니다. 안심입명의 도리를 정립하는 것, 그것이 철학이나 종교의 할 일이라고 말씀하셨기 때문입니다.

또 어떤 스님으로부터도 그런 이야기를 들은 일이 있습니다.

사람들은 기도를 해서 소원이 이루어지지 않으면 부처님의 가피를 입지 못했다 생각하는데, 그렇지 않습니다. 기도를 열심히 해서 소원이 이루어지지 않을 때, 이루어지지 않는 것도 부처님의 가피라는 것을 알아야 합니다.

이 말씀도 같은 맥락이 아닌가 합니다. 실제 우리 일상 속에서 당장은 이루어지지 않은 소원이지만, 그것이 오히려 나중에는 더 좋은 일로 변하는 것을 다 경험하지 않습니까. 전화위복轉禍爲福이라는 말도 그런 뜻입니다. 원의범 선생님 말씀이나 이 스님의 말씀이나 다 만고萬古의 명언이라 생각됩니다.

이제 다시 애초의 질문으로 돌아가 봅니다. 관세음보살님을 믿고 관세음보살 염불을 하는 데 어떤 이익이 있을까요? 지금까지 말씀드린 이야기가 다 나름대로 답이 되겠습니다만, 저 자신 나름의 '최후의 대답'을 말씀드리겠습니다. 그 힌트는 『관무량수경』에 있습니다.

모든 부처님 여래는 온 누리 중생들을 몸으로 삼고 있는데, [중생들이 부처님을 생각할 때] 두루 모든 중생들의 마음속 생각 가운데 들어가시기 때문이다. 그러므로 그대들이 마음으로 부처님을 생각할 때, 그 마음이 곧 [부처님의] 서른두 가지 큰 특성(상相)과 여든 개나 되는 소소한 특성(수형호隨形好)을 다 갖춘 [부처님의 마음인] 것이다. 그러한 마음이 부처를 짓고, 그러한 마음이 곧 부처이다. 모든 부처님

의 깨달음의 바다는 [부처님이 들어와 있는] 중생들의 마음속
생각으로부터 일어난 것이다.

이 『관무량수경』의 번역은 제가 펴낸 『처음 만난 관무량수경』*
에 실린 것을 다시 옮겨왔습니다.

　다 아시는 것처럼 『관무량수경』은 아미타불을 주제로 하
는 정토 신앙의 경전입니다. 그런 까닭에 위의 인용문에 나오
는 '부처님'도 아미타불을 가리킵니다. 지금 우리는 관세음보
살을 염한다고 했을 때, 즉 '관세음보살'이라는 명호를 일컫는
다고 했을 때 과연 어떤 이익이 있는지를 묻고 있습니다. 그런
점에서 아미타불과 관련한 말씀을 인용하는 것이 옳은가라는
질문도 있을 수는 있습니다. 사실, 관세음보살을 말하는 경전
이나 문헌의 양은 아미타불을 말하는 경전이나 문헌의 양에
비하면 매우 적은 것이 사실입니다. 뿐만 아니라, 뒤의 제5장
에서 자세히 말씀드리겠습니다만, 관세음보살은 아미타불과
밀접한 관계를 갖고 있습니다. 그러므로 저는 비록 아미타불
에 관한 말씀이라 할지라도 관세음보살에게도 그대로 적용할
수 있다고 봅니다.

　그러니 이제 위의 인용문에서 '부처님'을 '관세음보살'로
바꾸어서 생각해 봅니다. 우리가 '관세음보살'이라고 염불을
하는 것은 바로 관세음보살을 우리 마음속으로 초청하는 일임

◆　　동국대학교출판부, 2019.

을 알 수 있습니다. 관세음보살이 우리 마음속으로 들어오시게 됩니다. 관세음보살이 들어와 있는 우리 마음이야말로 우리를 부처로 만들어줍니다. 더 나아가서는 그렇게 관세음보살이 들어와 계신 우리 마음이야말로 그 자체로 이미 부처입니다. 그런 이야기를 지금 『관무량수경』이 하고 있는 것입니다.

우리가 처음에는 '관세음보살' 염불을 하면 염불할 때는 들어와 계시다가도, 염불을 하지 않으면 곧 나가버립니다. 하지만 그렇게 나갔다가 들어왔다 하는 것이 어느 순간, 자꾸자꾸 하다 보면, 늘 들어와서 살게 되지 않겠습니까? 처음에는 우리 마음속에 관세음보살님이 들어오시겠지만(곧 다시 나가시기도 하겠습니다만), 마침내는 관세음보살님 마음속에 우리가 들어가게 될 것입니다. 관세음보살님은 우리 안에, 우리는 관세음보살님 안에 들어가서 하나가 될 것입니다.

만약 이러한 경지에 이르게 된다면 무엇이 불안하며 무엇이 두렵겠습니까? 세속적인 성공과 실패가 무슨 장애가 되겠습니까? 무슨 문제가 되겠습니까? 언제나 관세음보살님은 우리와 함께하시고, 우리는 관세음보살님과 함께할 터인데 말입니다. 이른바 동행이인同行二人이 아니겠습니까? 둘이 함께 걸어가는데, 하나는 우리고 하나는 관세음보살입니다.

다만 우리가 관세음보살 염불을 하지 않는다면, 하지 못한다면, 어쩌면 관세음보살은 우리를 보고 계시더라도 우리는 관세음보살님을 뵙지 못할지도 모릅니다. 그러나 그럴 때조차 관세음보살님은 우리를 빛으로 비추어 주십니다.

번뇌장안수불견煩惱障眼雖不見

대비무권상조아大悲無倦常照我

번뇌가 눈앞을 가려서 비록 [저는] 뵙지 못한다고 해도

자비로운 우리 님은 게으르지도 않고 항상 [나를] 비추어

주시네.

정토진종淨土眞宗의 개조 신란(親鸞, 1173~1262) 스님의 「정신
염불게正信念佛偈」에 나오는 말씀입니다. '대비', 즉 "자비로운
우리 님"은 원래의 텍스트에서는 아미타불을 가리키는 말씀
이었지만, '관세음보살'에 대해서도 적용 가능한 것으로 봅니
다. 언제나 관세음보살이 나를 지켜보고 계신다. 나를 비추어
주고 계신다. 그렇게 생각하는 것 이상의 더 큰 이익, 더 큰 가
피가 또 어디 있겠습니까.

이렇게 볼 때, 관세음보살님을 믿고 '관세음보살'이라 염
불하여 얻을 수 있는 최대의 공덕이나 이익은, 관세음보살이
라 염불하는 그 자체라고 봅니다. '관세음보살'이라 염불하는
그 밖에 다시 또 '관세음보살'이라 염불하는 이익은 없을 것입
니다. 저로서는 이렇게 답하게 됩니다.

『천수경』이나『관음경』은 현세적이고도 물질적인 차원에
서 이익을 말씀하시고,『관무량수경』은 물질적인 차원을 초월
하여 이익을 말씀하십니다. 그 사이에 관세음보살이 존재합
니다. 왔다 갔다 하십니다. 또 우리 스스로도 그 사이 어딘가에
있을 것입니다. 어떤 때는 이쪽 끝에 있고, 어떤 때는 또 저쪽

끝에 있을 것입니다. 그 어디에 스스로의 자리를 세울 것인가? 그 어디에 입각立脚할 것인가? 그것은 우리 스스로 판단할 일이 아니겠습니까.

　　이제 다음 장부터 본격적으로 관세음보살에 대해 여러 가지 측면에서 살펴보겠습니다.

관세음보살의

모든 것

제
1
장

관세음보살은
존재하는가

흔들리는 믿음

음력으로 매월 24일은 관음재일입니다. 거의 모든 절에서 관음재일법회를 열고 관세음보살 염불을 합니다. 이를 보면 오늘날 우리나라 불교인들은 거의 다 '관세음보살' 명호를 외우고, 관세음보살을 신앙하는 것으로 보입니다. 불교 신도 중 상당히 많은 분들이 '관세음보살' 염불을 하고 기도를 하고 있는데, 이러한 흐름은 중국, 한국으로 이어지는 오랜 전통으로 쉽사리 변하지는 않을 것이라는 전망도 있기는 합니다.

그런데 우리의 젊은 불자들 사이에서도 과연 그럴까요? 비단 젊은이들만이 아니라 '관세음보살' 염불을 따라 하는 데 뭔가 저항감을 느끼는 지식인들도 많습니다.

관세음보살이나 지장보살地藏菩薩 등 많은 보살님과 아미타불이나 약사여래藥師如來 같은 부처님은 진짜 존재하는가? 우리가 그분들의 명호를 외워서 가피加被(가호)를 받으려면, 먼저 그분들이 진짜 존재해야 할 것 아닌가? 그분들이 정말 존재한다는 사실을 어떻게 알 수 있는가?

이런 의문들이 꼬리에 꼬리를 뭅니다. 과학 문명이 발달하면서 현대인들은 과학적 신빙성이 없으면 믿지 않으려 합니다. 이렇게 의심하는 모습은 뜻있는 불교학자나 스님들 중에서도 볼 수 있습니다.

그러나 옛날에는 아무도 그런 의문을 갖지 않았습니다. 경전에 나오는 지옥이나 극락의 존재에 대해서 그대로 믿었습니다. 추호도 의심하지 않았습니다. 일본 최대의 불교 종파는 정토진종인데, 그 개조 신란 스님도 '지옥에 갈까 봐 몹시 두려워했다'고 합니다. 그래서 아미타불을 믿었다는 것입니다.

"악행을 하면 지옥 간다"라는 말만큼 겁나는 말씀이 없었습니다. 그래서 우리는 열심히 선을 행하고, 악을 피하려고 애를 씁니다. 악행보다는 선행을 해야 함은 너무나 당연한 것입니다. 그렇지 않다면 인간과 동물의 차이는 따로 없을 것입니다.

『법화경』에 「관세음보살보문품」이 있습니다. 이 부분만 별도로 유통되면서 읽힐 때는 『관음경』이라 부릅니다. 『관음경』에서는 관세음보살의 명호만 부르면 즉시 모든 고난으로부터 벗어날 수 있으며, 관세음보살님이 해결해 주신다고 설합니다.

'관세음보살'이라는 명호만 부르면, 즉시에 나타나셔서 어떤 어려움이라도 해결해 주신다고? 그런 신과 같은 존재가 과연 있을 수 있는가? 그저 착한 일 하라고, 수행 열심히 하라고 지어내서 하는 소리 아닌가?

이렇게 의심할 수 있습니다. 우리는 지금 이런 불신의 시대를 살고 있습니다. 현대는 이성에 부합해야 믿는 시대입니다. 합리적이지 않으면 믿지 않으려 합니다. 서양 문명의 영향으로, 불교 역시 과학과 이성에 부합하는 방향으로 바뀌어야 한다는 주장도 적지 않습니다.

일찍이 한용운韓龍雲(1879~1944) 스님도 그런 주장을 했습니다. 스님이 저술한 『조선불교유신론朝鮮佛教維新論』을 보면, "법당의 숭배 대상도 간소화하라. 석가모니 부처님 한 분만 모시자."라고 말합니다. 아, 그렇습니다. 누가 뭐래도 석가모니 부처님만은 역사적 존재, 실존 인물이기 때문입니다. 그러므로 석가모니 부처님만은 확실히 믿을 수 있다는 것입니다.

이러한 시대에 다시 문제가 되는 것이 대승 경전입니다. 아미타불, 약사여래, 관세음보살 그리고 지장보살 등 대승불교의 주요한 신앙 대상은 모두 대승 경전에 등장하는 불보살입니다. 역사적으로 확실히 존재했던 석가모니 부처님께서 남기신 경전은 오직 『아함경阿含經』뿐입니다. 『아함경』에는 아미타불이나 관세음보살은 등장하지 않습니다. 따라서 대승 경전을 믿지 못하면 관세음보살을 비롯한 대승의 불보살 역시 믿을 수 없게 됩니다.

이렇게 '흔들리는 믿음'은 지금 우리 속에 팽배해 있습니다. 배움이 많으면 많을수록, 나이가 젊으면 젊을수록 관세음보살이라는 명호를 스스럼없이 부르기가 쉽지 않은 듯합니다. 『천수경』에서는 이렇게 설합니다.

이러한 진리는 위없이 높고 한없이 깊고 미묘해서,
한량없는 시간이 흘러도 만나기 어렵습니다.

만나기 어려운 이유는 그 진리가 한없이 높고 한량없이 깊고 미묘해서만은 아닙니다. 우리가 살고 있는 이 시대가 이러한 가르침을 쉽게 믿지 못하게 만들기 때문이기도 합니다. 만나기 어렵게 한다고나 할까요? 우리는 이미 학교 교육을 통하여 서양의 합리주의적 사고를 체득해 버렸기 때문입니다.

앎의 세 가지 방법론

'과연 관세음보살은 존재하는가?'와 같은 문제가 제기되는 것은 앞 절에서 말씀드린 것처럼, 시대적 배경이 자리하고 있습니다. 저는 여기서 관세음보살이 존재한다고 볼 수도 있음을 말씀드려 보고자 합니다.

관세음보살의 존재에 대해서 의혹을 품고 있는 사람에게, "관세음보살은 이러한 분이다"라거나 "관세음보살로부터 구제되기 위해서는 그 명호를 불러야 한다."라고 말한들 아무 의미도 없을 것입니다. 무슨 의미가 있겠습니까?

그런데 이렇게 관세음보살의 존재 여부를 이야기하기 전에 하나 생각해 볼 것이 있습니다. 어떤 사실을 알려고 할 때, 그 앎을 위하여 동원될 수 있는 방법에 대해서입니다. 새로운 앎을 얻을 수 있는 방법에 대해서 생각해 보고자 합니다. '관세음보살은 존재한다.' 이것 역시 하나의 앎이기 때문입니다.

인도의 사상가들이 흔히 쓰는 방법론에 의거하여 '관세음보살은 존재한다.'라는 명제(앎)에 접근하는 방법을 소개해 보겠습니다. 예컨대 '저 산에 불이 났다.'라는 사실을 알기 위해 동원할 수 있는 방법들입니다. 인도 사람들은 세 가지 방법이

50

있다고 생각하였습니다.

첫째는 직접 가서 보고 아는 것입니다. 불이 나무를 태우는 현장에 가보고서 아는 것입니다. 누구라도 그 현장에 가서 보기만 하면, "아, 여기 산에 불이 났구나" 하는 것을 알 수 있겠지요.

둘째는 간접적으로 아는 방법입니다. 먼 산에 불이 났으니 직접 가보지는 못합니다. 그래서 훨훨 타오르는 불 자체는 보이지 않지만, 연기가 오르는 것은 볼 수 있습니다. 그렇지요. 연기를 보고서 불이 났음을 미루어 아는 것입니다. '연기'와 '불' 사이에는 필연적 관련성이 있습니다. 그래서 연기가 오르는 것을 보고서 불이 났음을 알 수 있습니다.

인도 사람들은 이러한 앎의 방식을 다음과 같은 다섯 가지 형식으로 정리했습니다.

주장 : 저 산에 불이 났다.
이유 : 연기가 오르고 있기 때문이다.
실례 : 연기가 있는 곳에는 불이 있다.
　　　　마치 아궁이와 같이.
적용 : 저 산에 연기가 오르고 있다.
결론 : 그러므로 저 산에 불이 났다.

셋째는 직접 가서 보고 불이 났음을 아는 것도 아니고, 연기를 보고 불이 났음을 추리해 아는 것도 아닙니다. 그 산에 가서 불이 난 현장을 보고 온 사람의 이야기를 듣고서 아는 것입니다. "내가 지금 가서 보고 오는 길인데 말이야. 저 산에 불이 났어."라는 이야기를 듣고, "아, 그렇구나. 저 산에 불이 났구나."라고 아는 것입니다.

부처님께서는 이 세 가지 방법 중에서 두 가지만 인정합니다. 첫째와 둘째입니다. 셋째 방법은 신뢰성이 떨어진다고 보았습니다. 그렇지 않겠습니까? 자, 생각해 보십시오. 남이 하는 말을 듣고서 "저 산에 불이 났다."라고 하는 것은 위험한 판단입니다. 확신하기 어렵습니다. 왜냐하면 말을 전한 사람이 아예 그 산에 가보지도 않았으면서 불이 났다고 거짓말했을 수도 있고, 산에 가기는 했으나 헛것을 보았을 수도 있고, 그 사람 역시 산에서 내려오는 타인에게 들은 말로 '불이 났구나' 했는데, 사실 잘못 들었을 수도 있는 등 여러 경우의 수가 있을 것이기 때문입니다.

이런 것을 생각하면, 부처님은 참으로 합리적인 분이었음을 새삼 느끼게 됩니다. 물론 후대로 내려오면서 불교에서도 '남이 하는 말을 믿고서 아는 것' 역시 앎의 방법으로 인정합니다. 그래서 우리 모두 '경전에 이렇게 설하고 있으니까, 이것이 옳다'고 판단하게 됩니다.

관세음보살의 존재 증명

이제 그러한 앎의 세 가지 방법을 활용하여 관세음보살의 존재를 증명할 수 있는지 생각해 보겠습니다.

관세음보살님은 확실히 존재합니다. 내가 직접 만나보고 왔다니까요. 혹은 『관음경』을 읽어보세요. "지극한 마음으로 관세음보살의 이름을 외면 관세음보살님께서는 즉시에 나타나셔서 어떤 어려움도 벗어나게 해 주실 것이다."라고 하셨잖아요? 그러니 관세음보살은 존재하는 것입니다.

이런 식으로 관세음보살의 존재를 증명하고자 하는 시도는 앞에서 말씀드린 방법 중에서 세 번째에 해당합니다. 즉 남이 하는 말을 믿고서 아는 방법입니다.

"그래, 맞아. 관세음보살이 존재하는 것은 틀림없어." 이렇게 동의를 얻기 위해서는 그렇게 말을 전하는 사람에 대해서 확고한 믿음을 가지고 있어야 합니다. '저 사람은 나를 속이지 않는다. 거짓을 말할 사람이 아니다' 혹은 '저 사람은 현명해서 헛것을 보거나 없는 말을 할 사람이 아니다'라는 신뢰를 기반으로 해야 할 것입니다.

따라서 "『관음경』에 그렇게 쓰여 있으니"라거나, "석가모니 부처님께서 말씀하셨으니"라는 식으로 말해서 관세음보살의 존재를 증명하려는 것은 '절반의 성공' 밖에는 거둘 수 없습니다. 이미 부처님을 신뢰하는 사람이나 『관음경』의 말씀은 진리라고 믿는 사람들에게는 설득력이 있을 것입니다. 그 사람에게는 그렇게만 말해도, "그래, 맞아. 관세음보살은 존재하는 것이 틀림없어."라고 말할 것입니다.

하지만 아직 일주문 안에 들어오지 못한 사람, 법당 안에 들어와서 부처님께 넙죽 절하지 못 하는 사람들도 많습니다. 그 사람들은 일주문 밖에서 되돌아가거나 법당 밖에서 서성입니다. "들어오세요" 해도 잘 들어오려 하지 않습니다. "왜 안 들어오세요?"라고 물어봅시다. 어쩌면 그들은 이렇게 답할지도 모릅니다.

불교도 아미타불이니 관세음보살이니, 극락이니 지옥이니 하는 허무맹랑한 소리만 하고 있어서 말이야. 너무 비현실적이야. 아니 초현실적이라고 해야 하나? 여하튼 현실감이 떨어지잖아?

우리의 고민은 바로 여기에 있습니다. 어떻게 하면 좋을까요?

관세음보살이나 아미타불처럼 초현실적 존재를 말하지 맙시다. 현실적으로 존재하는 것이 확실한, 아니 존재했던 것이 확실한 석가모니 부처님만 말하는 불교를 합시다.

이것이 한용운 스님이 1910년대에 생각했던 대처방식입니다. 저로서는 그런 대책에 동의할 수 없습니다. 다른 방법을 찾아볼 수 있다고 생각해서입니다.

다음으로 생각해 보아야 할 것은, 직접 저 산 위에 가 보고서 불이 났음을 아는 방법입니다. 앞에서 말씀드린 세 가지 방법 중 첫째입니다. 이는 말 그대로 직접 관세음보살을 만나고 나서, '틀림없이 관세음보살은 존재하는 거야.'라고 인식하는 것입니다. 직접 관세음보살을 만나 뵙는 일을 친견親見이라 말합니다. 많은 분들이 관세음보살을 만난 이야기를 합니다. 그런 이야기는 보통의 일상사와는 다른 차원에서 펼쳐집니다. 그래서 흔히 영험담靈驗譚이라 부릅니다.

예를 들면, 중국 송나라 황제였던 인종仁宗(1010~1063)이 과거 전생에 두부 장수였을 때 관세음보살을 만난 이야기가 있습니다. 두부 장사를 하는 틈틈이 사람들을 업어서 강을 건너 주는 자원봉사를 하였는데, 비가 오나 눈이 오나 27년을 하루같이 했더랍니다. 그러다가 할머니로 화현化現한 관세음보살을 업어서 강을 건너 드린 일이 있었습니다. 그 공덕으로 다음 생에 황제로 태어났다는 것입니다.

대개 친견을 기록한 이야기는 이런 식입니다. 그리고 스토리 구성은 거의 전생담을 아우르고 있는 구조입니다. 윤회설을 믿어야 관세음보살을 믿을 수 있게 됩니다. 또한 꿈에서 관세음보살을 뵈었다는 분들도 많습니다. 이 경우 현몽現夢이라 말합니다. 어쨌든 관세음보살을 친견하였다는 분께 물어봅시다.

"당신은 정말 관세음보살을 친견하였습니까?"
"예. 물론입니다. 나는 관세음보살을 친견하였습니다. 관세음보살이 존재하는 것은 지금 당신이 내 눈앞에 존재하는 것보다 더 확실한 일입니다."

경험보다 더 확실한 지식은 없습니다. 직접 뵈었다는데 더 무슨 토를 달 수 있겠습니까? 관세음보살을 친견한 사람에게 관세음보살의 존재보다 더 확실한 것은 없습니다. 그래서 그분들은 믿지 못하는 사람들을 보고서는 "내가 봤다니까 그러네, 왜 안 믿지?"라며, 오히려 답답해할 수 있습니다.

그렇지만 당사자가 아닌 이상, 제삼자에게는 그분의 친견 이야기 역시 "저 산에 가 봤는데, 거기 불이 났어."라는 말을 듣는 것과 같은 차원의 이야기가 됩니다. 이미 믿을 준비가 된 사람들에게만 동의를 받을 수 있을 것입니다. 아직 믿을 준비가 되어 있지 않은 사람들, 즉 일주문 밖에 있거나 법당 밖을 서성이는 사람들에게는 설득력 있는 논리가 아닐 것입니다.

이제 마지막으로 남아 있는 길은 관세음보살이 존재한다

는 사실을 합리적으로 제시하는 일입니다. '저 산에 연기가 오르고 있다'는 것만 이야기할 수 있다면, '저 산에 불이 났다'는 것도 증명할 수 있기 때문입니다. 문제는 연기를 보는 일입니다. 이제 그 일만이 남아 있습니다.

우리는 존재하고 있는가?

결국 세 가지 방법 중에서 남아 있는 것은 '연기'로부터 '불'을 추리해 내는 수밖에 없습니다. 설득력 있는 추리를 제시함으로써, 그것이 이치에 부합함을 드러내야 합니다. 만약 그럴 수 있다면 많은 현대인들이, 많은 젊은이들이, 많은 지식인들이 보다 쉽게 관세음보살의 명호를 부를 수 있게 될 것입니다.

관세음보살은 과연 존재하는가? 더군다나 얼굴이 열한 개나 되는 십일면十一面관세음보살이나 혹은 손이 천 개, 눈이 천 개인 천수천안千手千眼관세음보살 같은 분이 어떻게 존재할 수 있다는 말인가?

이렇게 묻는 사람들이 있습니다. 충분히 제기할 수 있는 의문입니다. 이제 우리의 남겨진 숙제는 이러한 물음에 대답하는 일입니다. 그런데 이러한 문제에 대답하기 전에 다음과 같은 반문을 해보겠습니다.

좋습니다. 그 질문에 대답을 해 드리기 전에 제가 먼저 물어보고 싶군요. 그럼, 당신은 존재하고 있습니까? 당신이 존재하는 것을 어떻게 확신할 수 있습니까?

"관세음보살은 진짜 있는가?" 의심하는 소리를, 부처님이나 관세음보살이 들으신다면 "그렇게 나를 의심하기 전에 그대들이야말로 진짜 존재하는지 살펴보게나!"라고 말씀하실 것입니다. 우리는 "아미타불과 관세음보살이 함께 계시는 극락세계는 진짜 있는가?" 이렇게 묻는데, 부처님과 관세음보살은 오히려 우리에게 물어옵니다. "자네들이 살고 있는 사바세계는, 세상은 실재하는가?"

과연 누가 있고, 누가 없을까요? 어디는 있고, 어디는 없을까요? 이 물음에 답하기 위해서는 우선 어떤 것을 '있다'고 말할 수 있는가 하는 기준을 생각해 보아야 합니다.

이에 대해서는 석가모니 부처님께서 설정하신 기준이 있습니다. 보다 정확히는, 부처님 이전부터 인도 사람들이 가지고 있던 기준입니다. 무엇을 '있다'라고 말할 것인가의 문제에 대해서는 부처님이나 부처님 이전의 인도 사람들이나 다 같은 대답을 갖고 있었습니다. "영원히 있는 것만이 있는 것이다!"라고요.

이 기준 자체에 대해서는 부처님이나 인도의 다른 사람들이나 다 공감했지만, 그에 대한 대답은 다릅니다.

인도의 바라문교도(와 힌두교도): 영원히 있는 것은 있다.

부처님: 영원히 있는 것은 없다.

바라문교도들(과 힌두교도들)은 자신이 '있다'고 믿은 "영원히 있는 것"을 '나(ātman)' 또는 '범梵(brahman)'으로 불렀습니다. 『우파니샤드Upaniṣad』라는 책의 주제가 바로 그러한 '나'나 '범'을 찾는 것입니다.

그럼 왜 유독 부처님께서는 "영원히 있는 것은 없다."라고 하셨을까요? 부처님께서는 그 이유를 이렇게 말씀하십니다.

모든 것은 변한다. 변하는 것은 괴로운 일이다. 그래서 '영원히 있다'고 할 수 있는 것은 없다.

이것이 불교의 핵심입니다. 무상無常, 고苦, 그리고 무아無我입니다. 무아라고 할 때는 '나 아我'를 쓰고 있습니다만, 사실은 '나'만 없는 것이 아닙니다. '나의 것'도 없고, '내가 살아가는 이 세상'도 없다고 보는 것입니다. 그도 그럴 것이 내가 갖고 있는 어떤 소유물이든지, 그것이 돈이든 사랑이든 영원히 존재하는 것은 없기 때문입니다.

이 세상도 마찬가지입니다. 지금 문제시되는 환경 오염과 환경파괴 상황 등을 보더라도, 그 결과로 우리가 지금 겪고 있는 기상 이변 같은 것만 보더라도, 이 세상이 영원히 있을 수 없음을 보여주는 방증일 것입니다.

이렇게 불교는 세상을 이면裏面에서 바라봅니다. 다른 사람들은 삶에서 죽음으로 걸어간다고 생각할 때, 부처님께서는 죽음에서 삶으로 걸어온다고 생각합니다. 죽음에서 삶으로 걸어오면서 사는 삶, 그것이 바로 부처님의 삶입니다. 우리 불자의 삶 역시 그렇게 되어야 할 것입니다. '웰다잉well-dying'을 생각하면서 '웰빙well-being'을 추구해야 합니다.

부처님께서는 우리에게 늘 "뒤를 돌아보라"라고 말씀하십니다. 우리가 뒤를 돌아볼 수 있을 때, 비로소 우리는 관세음보살을 만나 뵈올 수 있습니다. 관세음보살은 늘 우리의 바로 '뒤'에서 우리를 지켜보고 계시기 때문입니다. 우리의 낮은 관세음보살에게는 밤이고, 우리의 밤은 관세음보살에게는 낮입니다. 우리가 뒤, 즉 밤을 생각하고 죽음을 생각해야 하는 까닭입니다.

뒤바뀐 생각이 바로 서면

사람들은 "관세음보살은 진짜 존재하는가?" 묻습니다. 이에 대해서 관세음보살은 "그대들은 진짜 존재하는가?" 반문하십니다. 곰곰이 따져보았습니다. 그랬더니 놀랍게도 관세음보살의 존재를 의심하던 우리 자체가 이미 진짜 있는 것이 아니었습니다. 앞으로도 우리는 영원히 있을 수 없다는 것이 명확해졌습니다. 이 점은 현재 살아있는 우리가 쉽게 받아들일 수 없을지도 모릅니다. 하지만, 불교의 교리에 비춰보는 한 그렇습니다. 우리는 부재不在합니다. 있으면서도 없고, 없으면서도 있습니다.

이게 무슨 이야기일까요? 우리가 "관세음보살은 진짜 있느냐?"라고 물음을 제기할 때는, 그러한 물음을 제기하는 우리 자신의 존재에 대해서는 추호도 의심하지 않았습니다. 어떤 사실이나 타인에 대한 의문을 제기할 때, 그렇게 의문을 제기하는 나의 존재 여부 역시 의혹의 대상일 수 있다고 생각하는 사람은 없습니다.

근대의 새벽을 연 서양 철학자 데카르트 R. Descarte (1596~1650)가 바로 그렇게 생각하였습니다.

이 세상에 존재하는 어떤 것도 의심할 수 있다. 그러나 그렇게 의심하는 나 자신에 대해서는 의심할 수 없다. 나는 생각한다, 고로 나는 존재한다.

그렇게 모든 것을 의심할 수 있는 그 자신은 확실히 있다는 것입니다. 데카르트만이 아니라 우리 역시 이렇게 남을 의심하고 사물의 존재를 의심하는 나 자신은 존재한다고 보는 것이 일반적입니다. 이렇게 '나는 있다'라는 전제 위에서 우리의 삶을 영위해 갑니다.

그렇게 '나는 있다'라고 확신하고 우리가 사는 '이 세상도 있다'라고 생각하는 한, 우리와는 다른 관세음보살이나 아미타불의 존재는 믿을 수 없게 됩니다. 우리가 갖고 있는 손과 눈이 각기 단 두 개라는 이 사실이야말로 천 개의 손과 천 개의 눈을 갖고 있는 천수천안관세음보살의 존재를 믿기 어렵게 만드는 것입니다. 우리는 너무나 확실히 '있다'고 생각하고 천수천안관세음보살은 너무나 확실히 '없다'고 생각합니다. 부처님께서 '없다'고 보시는 것을 우리는 '있다'고 보는 것입니다. 바로 그러한 생각을 『반야심경』에서는 '뒤바뀐 생각(전도몽상顚倒夢想)'이라 말한 것입니다.

그런데 만약 두 개의 손과 두 개의 눈을 갖고 있는 우리가 존재하는 것이 아니라고 한다면, 역으로 손이 천 개이고 눈이 천 개인 천수천안관세음보살님의 존재는 있을 수도 있게 됩니다. 믿을 수도 있다는 이야기입니다. 문제는 어떻게 '나는 있다'에서 '나는 없다'로 생각의 전환이 이루어질 수 있는가 하는 점입니다. 공부와 수행이 필요한 이유이겠지요.

그런데 부처님께서 가르쳐 주시는 것처럼, 오히려 우리가 확실히 '있는 것이 아님'을 깨닫게 되고 알게 된다면 어떻게 될까요? '있음'과 '없음'에 대한 생각 자체가 뒤바뀌게 됩니다. 아니 종래 우리가 갖고 있었던 생각, 즉 뒤바뀐 생각이 제대로 바로 서게 되면 결론이 다르게 납니다. 있다고 생각해 오던 것이 사실은 없으며, 없다고 생각하던 것이 사실은 있음을 알게 될 것입니다.

깨달음을 얻지 못한 중생은 관세음보살의 존재를 의심하지만, 깨달음을 얻은 부처는 관세음보살을 믿게 됩니다. 일본 임제종의 선사 하쿠인(白隱, 1685~1768)이 꼭 그랬습니다. 그는 어릴 적부터 『법화경』을 읽고 관세음보살 염불을 했습니다. 어머니의 영향도 컸습니다. 그런 분위기 속에서 출가를 했습니다. 하지만 중간에 『관음경』에서 말하는 "물에 떠내려갈 때나, 불에 탈 때나, 감옥에 갇혀서 칼에 맞아 죽을 때나 관세음보살을 외면 곧 고난에서 벗어나게 되리라."라는 구절에 의심이 생겼습니다. 말도 안 되는 소리라고, 믿을 수 없다고 회의합니다.

이후 하쿠인 스님은 임제종의 선을 익힙니다. 참선에 정진하였습니다. 각고의 노력 끝에 깨달음을 얻습니다. 그 후에 그동안 내팽개쳤던 『법화경』을 다시 손에 들었다고 합니다. 깨닫고 나니까 관세음보살의 자비가 보다 분명하게 보였기 때문입니다. 그럴 수밖에 없었을 것입니다. 애당초 『법화경』을 비롯한 경전의 말씀들은 깨달은 분들의 말씀이니까요. 그래서 경전은 관세음보살에 대하여 말씀하시는 분으로 석가모니 부처님을 등장시키고 있는 것입니다. 『관음경』도 그렇고 『천수경』도 그렇고, 『아미타경』도 그렇습니다. 다 석가모니 부처님을 증언자로 내세웁니다.

관세음보살은
어떤 분인가

한 목소리

아미타불, 지장보살, 관세음보살과 같은 대승의 불보살, 또 극락이나 지옥이 존재함을 증명하기 위해 우리는 노력해 왔습니다. 그런 와중에 우리는 나 자신, 그리고 이 세계가 정작으로 '존재하지 않음'을 먼저 깨닫게 되었습니다.

영원히 있는 것만이 '있다' 할 수 있는데, 부처님의 눈으로 볼 때 모든 것은 변합니다. 변한다는 말을 무상이라 합니다. "아침에 피었다가 저녁에 지고 마는 나팔꽃"을 노래한 대중가요 역시 무상을 노래합니다. 나팔꽃도 무상하고, 그 나팔꽃 같은 사랑도 무상합니다.

이 무상의 이치는 책상머리에서 나온 이론이 아닙니다. 부처님께서 체험하신 삶의 진실입니다. 인생의 진면목입니다. 저는 무상이야말로 불교의 알파요 오메가라고 생각합니다. 석가모니 부처님께서는 태어나신 지 7일 만에 어머니가 돌아가십니다. 이모 손에서 자랐습니다. 어렸으나 어찌 모르겠습니까. 저는 이 사건을 '무상의 알파'라고 봅니다. 그리고 부처님께서 열반하실 때, "모든 것은 무상하니, 긴장을 풀고 일없이 지내지 말고 부지런히 노력하라."라고 말씀하셨습니다. 부처님의 유언입니다만, 동시에 '무상의 오메가'라고 해도 좋을 것입니다. 이렇게 보면, 불교는 무상에서 시작해서 무상으로 끝납니다.

무상이므로 무아입니다. 불교는 어려운 것 같지만, 이 말 속에 모든 알맹이가 다 들어있습니다. 이는 인생의 진실을 말한 것이므로, 자기의 삶 속에서 무상과 무아를 먼저 실감한 분들은 부처님의 말씀을 쉽게 받아들이게 됩니다. 세파世波의 무상함을 아직 많이 겪지 못한 젊은이들이 불교를 받아들이기 어려운 이유입니다.

무상과 무아, 이를 한 마디로 줄인다면 무상이 됩니다. 많은 분들이 무아에 대해서는 많은 이야기를 하고 있습니다. 그 반면에 무상에 관한 이야기는 별로 하지 않는 것 같습니다. 하지만 저는 무아보다도 무상이 더욱 강조되어야 한다고 봅니다. 무상을 강조하면 무아는 그냥 저절로 이해되기 때문입니다. 무상을 이해 못 하면 무아도 이해 못 합니다.

무상하므로 '영원히 있을 수 있는 나'라는 존재는 아예 없습니다. 그것이 바로 무아입니다. 석가모니 부처님께서는 그렇게 말씀하셨습니다. 하물며 '영원히 있을 수 없는 나'는 더 말해 무엇 하겠습니까. 우리의 육체가 그런 것입니다. 영원히 존재할 수 없는 것입니다. 이렇게 무상은 출발역이며, 무아는 종착역입니다.

우리가 불법佛法을 받아들이지 못하고 수행하지 못하는 까닭은 아직 무상을 철저하게 체감하지 못해서입니다. 관세음보살의 명호를 부르지 못하고, 관세음보살의 존재를 믿지 못하는 것도 무상을 절감하지 못해서입니다. 모든 것이 무상할 때 관세음보살은 존재합니다. 모든 것이 무상해도 관세음보살은 영원합니다. 우리의 삶은 무상하지만, 우리가 어제저녁에 본 드라마는 오히려 영원할 수 있는 것과 마찬가지입니다. 드라마가 허虛하기에 오히려 영원히 실實일 수 있습니다.

저는 요즘 시간이 나면 일본불교에 관한 책을 읽습니다. 그 이유 중의 하나는, 일본불교에서는 무상에 관한 이야기를 많이 하고 있어서입니다. 이미 우리나라에도 번역되어 있는 『도연초徒然草』나 『방장기方丈記』와 같은 고대와 중세의 일본 문학은 거의 다 무상을 노래하고 있습니다.

근대의 이성 중심 합리주의의 세례를 받은 불교학자나 스님 중에는 대승의 불보살에 대해서 의심하고 회의하는 시각을 가진 분이 있음을 앞에서 말씀드렸습니다. 그렇게 말씀하시는 분들은 대개 초기불교 경전을 주로 의지하고 있습니다. 그런데 어떻습니까? 제가 위에서 말씀드린 무상과 무아의 이치가 곧 초기불교의 가르침 아닙니까?

극락세계나 아미타불, 지장보살, 그리고 관세음보살은 어떤 존재였습니까? 그들의 존재야말로, 바로 무상과 무아라고 하는 이치가 있음으로 해서 성립된다는 것을 이제 이해하셨을 것으로 믿습니다. 그래서 극락세계나 지옥, 아미타불, 지장보살, 관세음보살 등은 모두 초기 경전에서 말한 무상과 무아를 다른 방식으로 말하고, 표현하는 것에 지나지 않습니다. 같

은 이야기입니다. 같은 목소리(一音)입니다. 초기불교가 있기
에, 그 당연한 결과로 대승불교도 있습니다. 대승불교는 초기
불교의 반복이자 변주입니다. 초기불교가 없이 대승불교가 없
고, 대승불교가 없이 초기불교는 발전할 수 없습니다.

형식은 달라도 내용은 같다

극락이나 지옥, 아미타불, 지장보살, 그리고 관세음보살은 바로 석가모니 부처님께서 무상과 무아를 말씀해 놓으셨기에 반드시 등장할 수밖에 없는 분들입니다. 그럼에도 불구하고, 그 점을 보지 못하고 관세음보살이나 아미타불의 존재를 회의하며 대승 경전을 무시하려는 사람들을 보면 안타깝습니다.

솔직히 말씀드려서, 어떤 때는 참담하기까지 합니다. '내가 내 역할을 제대로 못 하는구나'라는 자괴감이 들 때도 한두 번이 아닙니다. 그래서 답답한 마음을 담아서 「그림자극」이라는 시를 한 편 썼습니다. 산문시 형식을 취해 보았습니다.

중국 윈난성(운남성雲南省)에 갔을 때의 일입니다. 한 농촌 마을에서 그림자극을 보았습니다. 흰 장막 뒤에, 인형을 조종하는 선생님이 숨어 있습니다. 빛을 쏘아대면 인형들 몸짓이 흰 장막 위에 비추이고, 숨어 있는 사부님, 천의 목소리로 장단을 맞춥니다. 두 손과 한 입이 바쁘기도 합니다. "모든 것은 무상하다. 무상한 것은 괴롭다. 무상하고 괴로운 것에서 영원한 나를 찾을 수 없다."

그림자극 다 본 사람들, 삼삼오오 흩어지며 영 불만입니다. 말도 안 된다, 이구동성입니다. 그림자가 어떻게 말을 하느냐는 것입니다. 이성적으로, 합리적으로 생각해 볼 때 그림자가 하는 말은 진리일 수 없다, 거부합니다. 오직 인간이 말할 때만 그 말은 진실이라 항변입니다.

두 팔에 힘 빠지고, 목조차 쉬어버린 그림자의 스승을 만나 보았습니다. 배신감에 치를 떨었습니다. 낮에 초등학교 강의실을 빌려서, 판서板書를 했을 때는 아무 말이 없었다는 겁니다.

"모든 것은 무상하다. 무상한 것은 괴롭다. 무상하고 괴로운 것에서 영원한 나를 찾을 수 없다."
비난은커녕, 칭송하고 찬탄조차 했다는 겁니다. 무상하고, 괴롭고, 영원한 내가 없다는 진리를 말하는 데 그림자보다 더 적절한 비유가 어디 있냐는 겁니다. 똑같은 말인데 누가 말하면 어떠냐. 아니, 우리 모두 그림자에 지나지 않는다는 말, 사람보다는 그림자가 하는 것이 더 제격 아니냐는 겁니다. 그래서 그는 억울하다, 외롭다, 울었습니다.

(2009. 12. 3)

초기 경전이나 대승 경전이나 다 같은 목소리, 일음一音입니다. 다만 다른 것이 있다면 형식뿐입니다. 평면적으로 칠판 위에 판서를 하느냐, 아니면 입체적으로 극화劇化시키느냐 하는 형식의 차이가 있을 뿐입니다.

그런데 무상하고 무아이므로 공하다는 그 이치를 더 철저하게 밀고 간다면, 그러한 이야기를 전하는 매체로서는 그림자극과 같은 형식이 더 제격일 것입니다. 판서보다는 그림자극이 훨씬 더 철저하게 공하다는 성격을 잘 표현한 것 아니겠습니까?

그림자극은, 옛날에는 '만석중놀이'와 같은 우리의 불교 예술에서도 볼 수 있었습니다. 중국 같은 데서는 흔히 볼 수 있습니다. 장예모张艺谋(1951~) 감독의 영화『인생(活着)』에 그림자극이 나옵니다. 그림자만 하더라도 실체가 없는 것인데, 그것으로 연극을 만들었으니 실체가 없음을 더욱 철두철미하게 드러낸 것이라 할 수 있겠지요.

시「그림자극」에서는 연극만을 이야기했습니다만, 현재의 영화, 드라마, 애니메이션, 게임 등의 디지털 매체가 '모든 것은 무상하고 무아이며 그래서 공하다'는 이야기를 더욱 잘 전해 주고 있는 듯합니다. 그렇다면 이제 더 이상 관세음보살을 믿지 못하고, 그 이름을 부르지 못할 이유가 없습니다.

대승 경전의 허구성은 더 이상 문제가 될 수 없습니다. 대승 경전에서 설하는 비합리적이고 비현실적인 세계야말로, 그렇게 비현실적 형식 속에 담았기에 더욱 철저하게 내용을 잘 드러낸 것입니다. 그렇게 볼 수 있다고 봅니다.

무상하고 무아이며 공이라는 이야기를 판서라는 케케묵

은 형태로만 전달하려는 시도는 어쩌면 시대에 뒤떨어지는 일인지도 모르겠습니다. 판타지적인 다양한 매체를 더욱 개발하고, 그 속에 메시지를 담는 것이 필요할 것입니다.

이제 현대는 19세기 말이나 20세기 초와 같은 이성과 합리의 시대가 아닙니다. 오히려 그것들을 넘어서 있습니다. 이성과 합리가 추방한 비현실적이고도 환상적인 이야기를 되살려내고, 새롭게 만들어 가는 시대입니다. 그 속에서 의미를 발견하려는 시대입니다.

그런 현대에는 극락세계의 아미타불 옆자리에 앉아 계시다가, 고통받는 중생들을 도와주라는 아미타불의 부탁을 받고 이 사바세계에 오시는 관세음보살의 이야기가 훨씬 재미있을 수 있습니다. 훨씬 감동적일 수 있습니다.

본체를 묻지 말고 작용을 물어라

흔히 관세음보살에 대하여 다음과 같은 질문을 할 수 있습니다.

> 불교에서 관세음보살을 말하는 것을 보면, '소원을 말해 봐'
> 라고 말하면서 무엇이든지 다 들어 주신다고 한다. 그렇다
> 면 관세음보살이 다른 종교에서 말하는 신과 무엇이 다른
> 가? 만약 관세음보살이 다른 종교의 신과 다르지 않다면, 관
> 세음보살을 믿는 것을 불교라 할 수 있는가?

그러나 앞서 드린 말씀을 잘 생각해 본다면, 이런 질문은 사실
성립할 수 없습니다. 왜냐하면 관세음보살은 무상과 무아라는
초기불교의 기본 입장 위에 서 있기 때문입니다. 결코 그것에
저촉되는 것이 아닙니다.

다시 말씀드리면, 불교에서는 '영원한 것이 없다' 하지만
인도의 힌두교는 '영원한 것이 있다' 말합니다. 다른 종교에서
말하는 신神 역시 영원한 존재입니다. '영원한 것'을 '하느님',
'하나님', '신'이라 말합니다.

바로 그런 점에서 관세음보살과 신은 다릅니다. 관세음보

살은 신이 아닙니다. 신과 같은 '영원한 존재'가 아닙니다. '영원한 것은 없고, '영원히 존재하는' 신을 필요로 하지 않는 것이 불교입니다(물론, 다른 종교로부터 바로 이 점이 약점이라고 지적당하기도 합니다). 아무튼 그런 차이가 있습니다.

한편 생각해 보면, 모든 것은 다 무상하고 무아이며 공空이므로 바로 그렇기에 영원히 죽지 않는 것을 추구하는 것이 인간에게는, 중생에게는 보다 자연스런 일일지도 모릅니다. 그래서 묘안을 찾아냈습니다. 육체와 영혼(혹은 정신)을 분리하는 것입니다.

> 모든 사람은 죽는다. 나도 사람이다. 그래서 죽는다. 그렇지만 나는 죽고 싶지 않다. 어떻게 방법이 없을까? 아, 그래, 죽는 것은 육체뿐이라 하자. 그리고 죽지 않고 영원히 살아있는 것이 있다고 생각하자. 그것을 영혼이라 말하자. 그 영혼만은 나의 육체가 죽어도 죽지 않는다고 생각하자.

이런 식으로 생각할 수 있습니다. 하나의 해결책이라 할 수는 있겠지요. 하지만, 불교에서는 이렇게 육체와 영혼(정신)을 분리해 놓고 육체는 무상하지만 영혼은 영원하다고 말하는 것에 동의하지 않습니다.

물론 불교에도 극락을 말하는 정토신앙이 있습니다. 사후에 극락이라는 아미타불의 나라, 이상세계에 간다고 말합니다. 하지만, 영원히 죽지 않기 위해서 극락에 가는 것은 아닙니다. 물론, 극락에 간다면 한량없는 세월을 살 수 있다고는 합니다. 하지만, 극락에 가는 이유는 사바세계에서 성불하기 어려워서입니다. 성불하기 위해서 극락에 갑니다.

극락에 가서 성불한 뒤, 다시 사바세계를 비롯한 중생들의 세상으로 돌아와서 중생구제를 하는 것, 그것이 정토신앙의 이상입니다. 오래 살고 싶은 욕망을 비롯한 모든 욕망의 충족을 위해서 우리가 관세음보살을 찾고, 아미타불 이름을 부르는 것은 아닙니다. 적어도 부처님께서 그렇게 가르친 것은 아닙니다. 더욱이 우리 인간은 몸과 마음이 분리될 수 없는 존재가 아니겠습니까. 아미타불의 극락을 간다고 생각할 때, 우리가 지금 갖고 있는 욕망들이 얼마나 가치 없는 것이 되겠습니까.

오히려 욕망이 떨어지는 그 자리에서 관세음보살을, 부처님을 만날 수 있을지도 모릅니다. 구하면서 구하지 말아야 하고, 구하지 않으면서 구해야 하는 이유입니다.

서원을 아버지로, 수행을 어머니로

관세음보살은 어떤 존재일까요? 한 번 생각해 봅니다. 실제로 『관음경』에서 말하는 것은 보통 사람은 할 수 없는 일입니다. 물에 빠졌거나, 불에 타고 있거나, 감옥에 갇히는 등 절체절명의 위기에 처했을 때 관세음보살을 소리 높여 외치라는 것입니다.

그렇게 관세음보살의 이름을 부르면, 관세음보살은 즉시에 나타나서 고통 속에 빠져 있는 중생들을 해탈시켜 준다는 것입니다. 그것도 남자의 몸으로 나타나야 잘 제도 될 중생에게는 남자의 몸으로, 여자의 몸으로 나타나야 잘 제도 될 중생에게는 여자의 몸으로 나타납니다. 그렇게 다 상대가 처해 있는 입장에 따라서 몸을 서른세 가지로 변화시켜서 나타납니다.

이렇게 변화시켜서 나타나는 몸이 '상대에게 응해서 나타나는 몸(응신應身)'이며, 또 '변화해서 나타나는 몸(화신)'입니다. 바로 '아바타'라는 것이 이것입니다. 〈아바타〉라는 제목의 영화도 있었지요? 원래 범어로는 '아와타르'입니다. 응신 또는 화신이란 뜻입니다. 이렇게 관세음보살은 화신입니다.

화신은 바로 중생을 제도하기 위하여 변화하여 나타나는

부처입니다. 중생과 무관한 부처님은 존재할 수도 없고, 설사 존재한다 하더라도 무의미할 것입니다. 관계는 의미의 어머니입니다. 중생에게 작용하는 부처님이 화신의 부처입니다. 중생을 제도해 주시는 부처님입니다. 그것이 불보살의 작용입니다. 앞서 "본체(體)를 묻지 말고 작용(用)을 물으라"라고 말했던 것도 이러한 맥락에서입니다.

관세음보살에게는 본체가 없습니다. 오직 작용만 있습니다. 본체는 영원히 변하지 않는 것을 말합니다. 그런데 관세음보살은 서른세 가지 모습으로 변한다고 하였습니다. 경전의 지면 관계상 그저 서른세 가지로 말했을 뿐이지, 실제로는 수많은 모습으로 몸을 나툴 수 있습니다. 일일이 다 나열할 수 없어서 그저 서른셋으로만 말했습니다. 옛날 인도 사람들은 서른셋의 하늘(삼십삼천三十三天)을 말하곤 했는데, 어쩌면 그런 습관으로부터 서른셋이라 말했을지도 모릅니다. 하지만 실제로는 끝없이 변화합니다. 끝없이 변하는 것에서 무슨 본체를 찾을 수 있겠습니까? 본체를 인정할 수 없습니다.

앞에서 관세음보살은 화신이라 하였습니다만, 어떻게 해서 화신이 되었는지를 보면 알 수 있습니다. 오랜 세월 동안 서원을 세우고 수행을 거듭합니다. 그런 각고의 노력 끝에 부처를 이루었습니다. 무임승차를 한 것이 아닙니다. 수행의 결과(과보果報)로 이루어진 부처를 보신불이라 합니다. 아미타불은 보신불입니다. 법장法藏 비구가 쉰두 가지의 서원(사십팔원四十八願 + 사서四誓)을 세우고 다섯 겁劫이나 되는 한없는 세월 동안 수행하여 아미타불이 되셨기 때문입니다. 관세음보살 역시 보신입니다. 예컨대 『천수경』의 천수천안관세음보살은 이른바 십원과 육향을 세운 뒤에 수많은 세월 동안 노력하여 부처를 이루었던 것입니다(십원과 육향은 뒤에서 자세히 이야기하겠습니다).

　물론 화신 이야기는 힌두교와 기독교에서도 많이 합니다. 기독교가 단 한 사람의 화신(성육신成肉身)을 말함에 비하여, 힌두교에서는 수많은 화신을 말합니다. 그래서 기독교는 일신교一神教이며, 힌두교는 다신교多神教입니다. 화신의 수가 많다는 점에서 불교는 힌두교와 닮았습니다. 불교는 많은 부처님을 이야기한다는 점에서 다불교多佛教이며, 많은 보살을 이야기한다는 점에서 다보살교多菩薩教입니다.

　화신을 나타내서 중생을 제도하기 전에, 관세음보살은 스스로 서원을 세우고 오랜 세월 동안 많은 수행을 합니다. 제도받는 중생의 입장에서는 타력他力이라 할 수 있지만, 불보살은 스스로 각고의 수행을 쌓는다는 점에서 자력自力적인 측면이 있습니다.

　한편 관세음보살의 화신은 다시 수많은 관세음보살을 낳습니다. 원래의 관세음보살은 성관음聖觀音(Aryāvalokiteśvara)입니다. 예컨대 『반야심경』의 관자재(관세음)보살은 성관음입니다. 성관음은 다시 수많은 화신으로 나타납니다. 천수관음, 여의륜如意輪관음, 준제准提관음 등 참으로 많은 화신이 등장합니다. 이러한 관세음보살들을 변화관음變化觀音이라 부릅니다.

이 변화관음들은 그 모습 자체가 무섭습니다. 많은 손과 눈이 있습니다. 연꽃을 들고 있기도 하지만, 칼이나 각종 무기를 들고 있는 경우도 많습니다. 중생의 모습과 차별화해야 하기 때문입니다. 우리의 모습과 다르기에 우선 무섭다는 생각이 들 수 있습니다.

하지만 이렇게 손과 눈이 많은 것은 중생 제도의 능력이 그만큼 무한함을 상징합니다. 갖고 있는 지물持物 역시 마찬가지입니다. 무엇인가를 갖고 있는 것은 그 나름의 힘을 상징합니다.

형상 없는 진리, 형상 있는 진리

'아, 너무 복잡하다. 뭐가 이렇게 복잡하나? 좀 간단할 수 없나?' 이렇게 생각할 수 있습니다. 얼핏 보면 너무 복잡하게 보이는 것이 사실입니다. 물론 진리 그 자체는 형상이 없습니다. 형상이 없지만, 진리는 항상 존재합니다. 항상 작용하기 때문입니다.

부처님께서는 『아함경』에서 "내가 이 세상에 태어나든 태어나지 않든 이 진리는 항상 있는 것이다."라고 말씀하셨습니다. 부처님 역시 이미 존재하는 진리를 깨달으셔서 부처가 된 것입니다. 부처님이 진리를 낳은 것이 아니라 진리가 부처님을 낳은 것입니다. 따라서 진리가 부처에 앞선다 할 수 있습니다. 『반야경』에서 진리(반야般若)를 부처의 어머니, 즉 불모佛母라 부르는 까닭입니다.

이렇게 진리가 부처를 낳고 부처가 진리를 깨닫는다면, 진리 그 자체가 이미 부처일 수도 있지 않겠습니까? 이 진리로서의 부처를 법신불이라 합니다. 법신의 부처는 형상이 없습니다. 진리는 형상이 없기 때문입니다.

이슬람교는 형상을 떠난 신만을 말합니다. 이슬람의 신

은 형상을 취할 수 없습니다. 저는 인도의 여러 이슬람교 사원(모스크)을 가보았습니다. 과연 듣던 대로, 신상神像이 없었습니다. 모스크는 그저 예배 공간일 뿐이었습니다. 신을 그린 그림도 없었습니다. 인도의 여러 박물관에서 『코란Koran』의 필사본도 많이 보았습니다. 거기에는 천연색으로 그린 세밀화가 함께 편집되어 있습니다만, 그 그림은 신(알라)을 그린 것이 아닙니다. 이슬람교를 연 마호메트를 그렸을 뿐입니다. 마호메트는 신이 아니라 신을 증거하는 예언자입니다.

그런데 불교는 진리 그 자체로서의 부처, 즉 법신만을 말하지는 않습니다. 앞서 말씀드린 것처럼, 법신을 깨달은 이(보신불)를 함께 말합니다. 그리고 중생구제를 위하여 몸을 다양하게 변화해서 나타나는 화신도 함께 말합니다. 이에 대하여 다음과 같이 주장하는 사람이 있을지도 모릅니다.

초기불교 이래로 불교의 근본은 진리 그 자체에 있다. 따라서 우리가 부처님을 모신다고 할 때, 법신의 부처님을 모시는 것이 중요하다. 그 법신의 부처님은 형상을 떠나 있으므로 불상佛像을 모시지 말아야 한다.

실제로 이러한 주장이 근대에 들어와서 등장합니다. 앞서 말씀드린 한용운 스님은 "석가모니불 한 분만 모시자"라고 주장했으나, 비슷한 시기에 활동한 원불교의 개조 소태산少太山(1891~1943)은 『조선불교혁신론朝鮮佛教革新論』을 통하여 "불상을 모시지 말자"라고 말합니다. 지금은 신종교新宗教로 더 평가되는 원불교도 원래 '불법연구회佛法研究會'라는 이름으로 출발했습니다. 일종의 개혁 불교를 내세웠지요. 그때 불상 대신에 진리를 상징하는 일원상一圓相만 모시자고 말했던 것입니다.

해방 이후 신흥 불교 교단인 밀교계 종단들에서도 이러한 흐름은 유사하게 나타납니다. 법신의 부처를 상징하는 진언 '옴 마니 반메 훔'을 모시면 된다고 말했고, 그렇게 실천하고 있습니다.

그런데 종래 불교에서는 법신불 자체도 상을 조각해서 모시는 일이 있습니다. 법신 비로자나불을 모시는 것입니다. 같은 밀교라 해도, 일본의 진언종眞言宗에서는 대일여래大日如來를 불상으로, 형상으로 모십니다. 왜 그렇게 할까요? 왜 진리 그 자체, 즉 형상을 떠난 진리를 형상이 있는 모습(像)으로 조성해서 모셨던 것일까요?

중생에게는 진리 그 자체만을 보고서 신앙, 숭배하라는 것이 상당히 어렵기 때문일 것입니다. 그렇게 형상을 떠난 진리를 보고서, 바로 부처님이라 인식하여 절을 할 수 있는 상근기上根機의 사람이 얼마나 되겠습니까? 그러다 보니 수많은 화신의 부처와 수많은 화신의 보살들을 다 상으로 조성해 모시는 것입니다. 그리고 그 앞에서 절을 합니다. 중생의 마음을 낮추어 절하는 것이 부처 되기(성불成佛)의 출발이기에, 절하는 것이 중요합니다.

이에 대한 비판적 시각도 있습니다. 이교도들로부터 우상 숭배라고 비판받는 것은 더 말할 나위도 없지만, 앞에서 말씀드린 것처럼 "왜 그렇게 많은 분들을 모시는가"라는 불교계 내부의 비판도 있습니다. 한용운 스님도 그런 분 중의 한 분입니다. 또 성철性徹(1912~1993) 스님께서도 봉암사 결사 당시에 제일 먼저 한 일이 '법당정리'였다고 합니다.

수많은 불상과 수많은 보살상을 모시는 것이 과연 잘못된 일일까요? 저는 그렇게 생각하지 않습니다. 형상을 통하지 않고서도 진리를 보고, 진리에 이를 수 있는 사람들은 그렇게 하면 될 것입니다. 형상을 통해서야 비로소 진리를 보고, 진리를 인식할 수 있는 사람들은 여러 불상과 보살상을 모시려고 합니다. 비난하거나 비난받을 일은 아니라고 생각합니다. 인도의 힌두교 지도자 중에 비베카난다Swami Vivekananda(1863~1902)라는 분이 바로 그런 말을 했습니다.

원래 중생들은 자기 그릇에 따라서 길을 찾아가는 것입니다. 형상을 떠나서 부처가 될 수 있는 사람들은 그렇게 하면 됩니다. 그러나 불교는 그런 수승한 사람들보다는 그렇지 못한 평범한 사람들, 즉 범부들을 위한 대책을 마련해 두었습니다. 바로 수많은 관세음보살, 수많은 변화관음의 존재를 제시한 것입니다. 그 모두가 중생 세계의 복잡성, 중생들이 가진 바람의 복잡성이 투영된 결과들입니다.

형상 속에서 진리를 보라

형상의 차원을 떠나서 진리를 생각하는 입장에서는 흔히 '법신불은 온 누리 우주에 두루 편재하여 아니 계신 곳 없으며'라고 말합니다. 그렇다고 한다면 법신불은 모든 화신의 형상 속에도 이미 다 들어와 있다 할 것입니다. 그 상들 속에도 법신불은 들어와 있습니다. 화신들을 새겨 모신 나무, 돌, 흙 등에다 들어와 있을 것입니다.

화신과 법신이 어찌 둘이겠습니까. 화신과 법신을 둘로 구별한 뒤, 형상 있는 화신을 배척하는 것 또한 편벽된 견해일 것입니다. 그러므로 우리는 아무런 망설임 없이 화신을 새겨 모신 나무, 돌, 흙 등에 절할 수 있게 됩니다. 나무를 관세음보살로 모실 수 있게 됩니다. 나무에서 관세음보살을 친견하게 됩니다. 그것이 불교입니다.

인도 중부의 와르다Wardha라는 곳에 가면, 마하트마 간디 Mahatma Gandhi(1869~1948)가 세운 공동체가 있습니다. 세바그람 아쉬람Sevagram Ashram입니다. '세바그람'은 봉사자의 마을, '아쉬람'은 공동체를 의미합니다. 이 아쉬람에서는 새벽과 저녁에 기도를 하지만 신상이 없습니다. 간디는 힌두교도였지만, 합리적인 것을 좋아해서 그랬던지 몰라도 신상을 두지 않았던 것 같습니다.

한편 그 세바그람 아쉬람으로부터 5km 떨어진 빠우나르 Paunar에 간디의 제자 비노바 바베Vinoba Bhave(1895~1982)가 세운 아쉬람(Paramdham Ashram)이 있습니다. 간디의 세바그람 아쉬람보다 훨씬 터가 좁은데도 불구하고, 마당 입구에서 시작해서 정원까지 수많은 신상들이 모셔져 있습니다. 힌두교의 신상만이 아닙니다. 불교의 붓다, 심지어는 가톨릭의 마리아 상까지 온갖 신상들을 줄 세워 전시하듯 복잡하게 모셔두고 있습니다. 제가 직접 가 보아서 잘 압니다.

그에 관한 전기가 『비노바 바베』라는 제목으로 출간되어 있습니다.[*] 그는 자다가 힌두교의 신 라마Rāma가 어디에 묻혀 있다는 현몽을 얻습니다. 깨어나서 꿈에서 본 곳을 찾아가 보니 과연 라마 신상이 있었다는 것입니다. 그렇게 모셔온 라마 신상도 아쉬람에 있었습니다. 우리의 『삼국유사三國遺事』에 나오는 생의사生義寺 돌미륵을 떠올리게 합니다. 생의사 돌미륵 역시 꿈에서 본 곳을 가서 파보니, 실제로 돌미륵이 있어서 모셔온 것이라 합니다.

무슨 말씀을 드리려고 하느냐 하면, 종교는 이론이나 관념이 아니라는 것입니다. 믿음과 심성心性의 문제입니다. 적어도 종교적 믿음이나 종교적 심성의 영역에서는 스승 간디보

---

[*] 칼린디 지음, 김문호 옮김, 실천문학사, 2005.

다도 제자 비노바가 더 깊었던 것으로 저는 생각합니다.

　19세기에 유럽에서 처음으로 인도의 종교에 대한 연구를 시작했던 사람들은 대개 기독교 신학자들이었습니다. 그런 까닭에 그들은 힌두교처럼 수많은 신을 인정하는 다신교를, 오직 하나의 신만을 인정하는 자신들의 유일신교에 비해 열등한 종교로 생각했습니다. 종교에 우열을 평한다는 것 자체도 잘못이지만, 일단 서구적 시각에서 동양의 종교나 문화에 대해 얕잡아 보고 들어가는 오리엔탈리즘적 태도는 비판받아 마땅할 것입니다. '산천초목이 모두 부처가 된다'고 하는 불교의 관점 역시 다신교와 통하는 사고입니다. 애니미즘animism이라고 할 수도 있지만, 산천초목 모든 사물을 다 부처로 승화해서 볼 수 있다면 물질과 정신 사이의 차이는 사라질 것입니다. 관세음보살의 수많은 화현 역시 이렇게 이해할 수 있겠습니다.

　더 나아가 '이것은 다만 돌로 빚은 형상일 뿐 관세음보살이 아니다'라는 관점은 불교와 거리가 멀다는 것도 이해할 수 있을 것입니다. 돌로 빚은 관세음보살상에 절하는 일은 우상 숭배가 아닙니다. 오히려 우리가 갖고 있는 분별심分別心이라는 이름의 우상을 타파하는 일입니다. 불상이나 보살상에 절하는 것은 우상 숭배가 아니라 우상 파괴입니다.

　우리 시대의 많은 병리 현상도 따지고 보면, 그렇게 물질과 정신을 분리하는 이분법二分法적 사고에서 기인하는 것이 적지 않습니다. "관세음보살" 염불을 하고, 관세음보살을 예배하는 것이 시대에 뒤떨어진 일일 수 없습니다. 경배 속에서 우리는 나와 물질, 나와 남, 그리고 나와 관세음보살이 둘 아닌 세계로 들어가기 때문입니다.

이렇게 관세음보살의 명호를 외는 것이나 관세음보살을 믿는 것은 근대나 현대라는 시대에 뒤떨어지는 것이 아니라 오히려 근대나 현대라는 시대가 낳은 병리 현상을 뛰어넘는 일이기도 합니다. 그런 점에서 시대의 선진이자 첨단이라 말할 수 있을 것입니다.

역사적 존재냐 신앙적 존재냐

지금까지 여러 가지 측면에서 관세음보살의 존재를 해명해보고자 했습니다. 모두 불교 교리의 입장에서였습니다. 이를 통해, 우리는 적어도 관세음보살의 존재 그 자체는 불교 교리, 즉 대승불교는 물론 초기불교의 입장과도 모순되지 않음을 알 수 있습니다.

그런데 그럼에도 불구하고, 여전히 관세음보살이 역사적 존재인지, 아니면 신앙적 존재인지 의혹하는 경우가 없지 않습니다. 우리는 다 범부 중생이니까, 그런 의혹이 이는 것도 당연합니다. 이제 그 점을 잠깐 생각해 보고자 합니다.

그 실마리를 제공해 주는 분이 바로 한용운 스님입니다. 만해 한용운 스님이 합리주의적, 이성주의적 입장에서 복잡한 대승의 여러 불보살에 대한 신앙과 예배 대신에 오직 '석가모니불 한 분을 예배하자'라고 주장했다는 사실은 앞서 말씀드린 바 있습니다. 뿐만 아니라, 『조선불교유신론』에서는 아미타불의 명호를 외는 것에 대해서 전화도 없는데 그 멀리까지 들리겠느냐는 이야기까지 하고 있습니다.

그런데 놀랍게도, 한용운 스님 스스로 관세음보살을 체험한 이야기를 전하고 있습니다. 스님은 1911년 만주에서 밀정으로 오인되어 총에 맞았던 일이 있었습니다. 그 일 이후 「죽었다가 다시 살아난 이야기 – 만주산간에서 청년의 권총에 맞아」라는 글 속에 관세음보살 체험을 회고한 서술이 있습니다.

아! 그러나 이 몹시 아픈 것이 별안간 사라진다. 그리고 지극히 편안하여진다. 생生에서 사死로 넘어가는 순간이다. 다만 온몸이 지극히 편안한 것 같더니 그 편안한 것까지 감각을 못 하게 되니, 나는 이때에 죽었던 것이다. 아니, 정말 죽은 것이 아니라 죽는 것과 꼭 같은 기절을 하였던 것이다.

평생에 있던 신앙은 이때에 환체幻體를 나타낸다. 관세음보살이 나타났다. 아름답다! 기쁘다! 눈앞이 눈이 부시게 환하여지며 절세의 미인! 이 세상에서는 얻어 볼 수 없는 어여쁜 여자, 섬섬옥수에 꽃을 쥐고, 드러누운 나에게 미소를 던진다. 극히 정답고 달콤한 미소였다. 그러나 나는 이때 생각에 총을 맞고 누운 사람에게 미소를 던짐이 분하기도 하고 여러 가지 감상이 설레었다. 그는 문득 내게로 꽃을 던진다! 그러면서 "네 생명이 경각에 있는데 어찌 이대로 가만히 있느냐?" 하였다.

나는 그 소리에 정신을 차려 눈을 딱 떠보니 사면은 여전히 어둡고 눈은 내둘리며 피는 도랑이 되게 흐르고, 총 놓은 청년들은 나의 짐을 조사하고, 한 명은 큰 돌을 움직임

직하고 있으니 가져다가 아직 숨이 붙어 있는 듯한 나의 복장에 안기려 함인 듯하다. 나는 새 정신을 차리었다.♦

이때 한용운 스님에게 나타난 관세음보살은 '비몽사몽 간에 본 관세음보살'입니다. 앞에서 말씀드린 바 있습니다만, 두부 장수로 화현했던 관세음보살은 '현실에 나타난 관세음보살'입니다. 두부 장수로 화현한 경우를 '관세음보살 1'이라 하고, 한용운 스님이 본 관세음보살을 '관세음보살 2'라고 해봅시다. '관세음보살 n'에서 'n'에 들어갈 숫자는 얼마나 될지 알 수 없습니다.

그 아바타 관세음보살들에는 공통점이 있습니다. 모두 화신 관세음보살이라는 점입니다. 화신은 중생 제도를 위하여 아바타를 나타내는 경우에 그렇게 부릅니다. 화신은 작용입니다. 앞서, "본체를 묻지 말고 작용을 물어라"라고 했습니다. 이 작용의 입장에서 볼 때, 관세음보살의 변화 형태는 무궁무진합니다. 그래서 숫자 'n'에 들어갈 수數는 알 수 없습니다.

그러면 여기서 질문을 제기할 수도 있겠습니다.

문제는 화신이 아니다. 그렇게 무한대로 다양하게 변화된다는 점은 알겠다. 그러한 화신은 너무 많아서 실체가 없다는 점은 이해할 수 있다. 그렇지만, 화신으로 변화해서

♦   「죽엇다가 다시 살아난 이약이, 滿洲山間에서 靑年의 拳銃에 마저서」, 『별건곤(別乾坤)』 제8호(2권 6호), 1927년 8월.

나타나기 전의 존재 그 자체의 모습은 무엇인가? 이 점에 대한 해명이 있어야 하는 것 아닌가?

그렇습니다. 좋은 질문입니다. 그런데 관세음보살을 변화의 형태, 즉 화신에서 찾지 않고 불변不變의 형태에서 찾아본다면, 어떻게 될까요? 그 불변의 형태는 존재하지 않습니다. 유有가 아닙니다. 공空입니다. 공은 유가 아니지만, 그렇다고 해서 무無도 아니라는 말입니다. 그래서 진공眞空이라 합니다.

수많은 변화 형태의 관세음보살을 '다多'라고 한다면, 이 진공은 '일一'이라 할 수 있을 것입니다. 그 '다'와 '일' 사이의 관계는 서로가 서로를 포함하고 있으며, 따라서 서로가 다르지 않게 됩니다. 이른바 『화엄경華嚴經』에서 말하는 포함관계(상입相入)와 동일한 관계(상즉相卽)가 됩니다.

그 '하나'는 다른 말로 하면 곧 법신이며 불성佛性입니다. 관세음보살은 불성 내지 법신을 깨쳐서 부처가 되었으며, 또 중생을 제도하기 위하여 관세음보살이라는 변화된 형태로 나타나십니다. 그 불성 내지 법신은 공입니다. 진공이기에 오히려 활발한 작용이 가능합니다. 그러므로 묘유妙有, 또는 묘용妙用이라고 합니다.

관세음보살은 그때그때 상황에 맞게 화현하므로, 즉 화신으로 나타나므로 고정된 모습일 수가 없습니다. 진짜 이름을 알 수 없으며, 아니 애초에 진짜 이름 같은 건 없을지도 모릅니다. 공이기 때문입니다.

그렇게 화신으로만 나타나고 변화된 형태로만 중생과 만나게 되는 관세음보살님은 다만 신앙적인 존재일까요? 아니면 역사적인 존재일까요? 『조선불교유신론』의 저자 한용운 스님은 애당초 신앙적 존재에 대해서는 무관심했습니다. 그러나 그분 자신이 관세음보살을 만나, 다시 살아났다는 체험담을 기술하고 있습니다. '평생에 있던 신앙'이라는 말도 했습니다.

　　이 이야기를 하나의 설화 내지 상상력이 부가된 이야기, 내지는 신앙적 영험으로만 받아들일 수도 있을 것입니다. 제3자의 입장에서는 말입니다. 하지만, 체험 당사자로서는 생생한 경험일 수밖에 없습니다. 적어도 그 당사자에게는 역사일 수 있다는 것입니다. 물론 이 역사는 물질적인 팩트fact로서의 역사는 아닙니다. 그렇지만 그 당사자의 마음속에서, 그 당사자의 실존實存 속에서는 진실입니다. 이 진실을 '팩트로서의 사실事實'과 구분해서 '리얼리티reality로서의 진실眞實'이라 말할 수 있을 것입니다.

　　한용운 스님이 스스로 체험한 관세음보살에 대해서 이야기할 때, 스스로에게는 역사적인 이야기를 한 셈입니다. 그러한 당사자, 즉 '일인칭'에게 역사적인 이야기라는 차원은 곧 팩트의 역사가 아니라 심성 내지 신심의 차원에서 말해지는 진실의 역사, 리얼리티의 역사라는 점을 스스로 알고 있었을 것입니다. 그 점을 알지 못했다면, 글로까지 써서 그 이야기를 남기려 할 수는 없었을 것이기 때문입니다.

관세음보살
불교의 성립

'믿음의 길'의 탄생

불교는 깨달음의 종교라 말합니다. 맞습니다. 불교가 깨달음에서부터, 선禪에서부터 출발한 것은 역사적인 사실입니다.

진정한 깨달음을 얻지 못하고서 행하는 많은 일은 어느샌가 과거의 습관에 얽매이게 됩니다. 그래서 과거에 잘못 든 습관이 현재, 또 미래의 자유를 앗아가기도 합니다. 잘못 든 습관은 업業(karma)입니다. 그런 업으로 인해서 내 몸과 마음이 자유롭지 못하게 구속되는 것이 업장業障입니다. 업이 가져오는 장애라는 뜻입니다.

업을 짓지 않도록 해주는 가이드라인이 계율입니다. 계율은 자유를 낳고 방종은 속박을 낳습니다. 그런데 문제는, 가령 업에 깊이 물든 사람을 변화시키려고 하더라도 그런 일은 쉽지 않다는 데 있습니다. 그 스스로 대오 각성할 때 비로소 변화의 싹이 트게 될 것이기 때문입니다. 대오 각성의 오悟 · 각覺 · 성醒, 이 세 글자는 모두 '깨닫다'라는 말입니다.

보조 국사普照國師 지눌知訥(1158~1210) 스님은 "깨달음이 없는 닦음은 참된 닦음이 아니"라고 말씀하셨습니다. 깨달음을 추구하는 것은 '지혜의 길'입니다.

그러나 깨달음 자체가 목적이 되어서는 안 될 것입니다. 깨달음은 참된 닦음과 아름다운 행위의 출발점이 되어야 함을 잊어서는 안 됩니다. 깨달음은 나눔(회향廻向)에 의해서 완성됩니다. 나눔은 행위입니다. 따라서 행위로 나아가지 않는 깨달음은 불완전한 깨달음입니다. 자비 없는 깨달음은 맹목이며, 깨달음 없는 자비는 진정한 자비가 될 수 없습니다. 불쑥, 언젠가는, 저 깊이 숨어 있던 '나(아상我相, ego)'가 드러나기 때문입니다. 그래서 "내가 이렇게 훌륭한 자비를 행하고 있는데 말이야"라고 생색내게 됩니다.

깨달음과 자비의 조화는 석가모니 부처님께서 이미 잘 보여 주셨습니다. 부처님께서는 보리수 아래서 깨달음을 얻으신 뒤, 45년 동안 중생들에게 자비를 베푸셨습니다. 우리가 깨달아야하는 이유가 있다면, 그것은 바로 다른 사람들에게 자비를 베풀고 이로움을 주기 위해서입니다.

『천수경』의 말씀처럼, "진정한 자비는 깨달음을 통한 분별이 없는 마음(무위심無爲心)에 이르지 않고서는 나올 수 없기 때문"입니다. 깨달음보다 자비, 깨달음보다 행위가 더욱 긴요한 과제임을 잘 말해 주고 있습니다.

그런데 우리나라 불교는 다소 지나칠 정도로 깨달음에 대한 관심이 높은 것 같습니다. 선불교 전통이 미친 영향이 그만큼 컸기 때문일 것입니다. 그렇지만 깨달음보다 자비, 깨달음보다 행위를 강조하는 불교도 많습니다. 대승의 보살도菩薩道를 강조하는 『화엄경』에서는 "중생이 있으므로 자비심이 있고, 자비심이 있으므로 깨달으려는 마음이 있고, 깨달으려는 마음이 있으므로 깨달음이 있다."라고 설합니다. 깨달음의 출발을 중생에 두고 있는 것입니다. 선은 '깨달음 → 중생'의 방향이지만, 화엄의 보살도는 '중생 → 깨달음'의 방향입니다.

더 극단적으로 나아가면, "불교는 깨달음을 말하지 않는다. 깨달음을 말하는 것은 불교가 아니다. 오직 중생을 섬기고, 중생을 위하여 복무服務할 뿐이다"라고 말하는 불교도 등장합니다. 중국 수隋나라 때 신행信行(540~594) 스님이 세운 삼계교三階教가 바로 그러했습니다.

이렇게 현실의 삶 속에서 선을 행하는 것을 '행위의 길'이라 말합니다. 대승불교에서 말하는 보살도는 모두 행위의 길입니다.

지혜의 길과 행위의 길은 우리 스스로가 힘써 노력하는 것입니다. 우리의 힘만으로 해낼 수 있다고 보는 것입니다. 이는 '자력의 길'입니다. 그런데 모든 사람이 다 스스로의 힘으로 지혜의 길이나 행위의 길을 걸어갈 수 있는 것은 아닙니다. 원리적으로는 누구나 그럴 수 있다고 말하지만, 현실적으로는 그럴 수 없는 경우도 많습니다. 지혜의 길이나 행위의 길을 가기에는 근기根機/根器가 부족한 사람들도 많습니다.

그러면 불교는 이들을 어떻게 구제해야 할까요? "불교는 자력이다. 불교는 깨달음이다. 석가모니 부처님은 그런 불교를 설하셨다."라고 하면서, 스스로의 힘으로 지혜의 길이나 행위의 길을 걸어갈 수 없는 사람들은 외면해도 좋을까요?

진정 불교가 자비의 종교라면, 뭔가 대책을 마련해야 하지 않았을까요? 석가모니 부처님 당시와는 세태도, 중생들의 역량도 달라졌습니다. 그래서 새로운 대책이 필요해집니다. 새롭게 제시되는 대책은 석가모니 부처님의 가르침을 보완하는 것이어야 했습니다.

그 새로운 대책이 대승 경전을 통해서 제시되는 아미타불, 약사여래, 지장보살, 미륵보살, 그리고 관세음보살 등에 대한 신앙입니다. 내세의 삶에 대한 불안이 있을 때는 아미타불의 명호를 외라는 것이며, 현세에서 여러 가지 고난을 받고 있을 때는 관세음보살의 명호를 외라는 것입니다. 이것이 '믿음의 길'입니다. 물론 이러한 믿음의 길은 '타력의 길'입니다.

명호를 외워야 하니까, 그것만은 자력이라 할 수 있는 것 아닌가 물을 수 있습니다. 물론, 중생이 명호를 외는 행위를 하면 관세음보살이 고뇌나 고난에서 해탈시켜 주신다고 하는 그 양자의 관계만을 생각할 때는, 명호를 외는 자력이 먼저이고 그에 대한 관세음보살의 가피가 후행後行하는 결과일 수 있습니다. 그런 점에서 명호를 외는 것을 일종의 '노력'이라고 볼 수도 있고, 그러한 행위를 하나의 '조건'으로 볼 수도 있습니다. 만약 그런 입장이라면, 그러한 노력은 '중생주의衆生主義'라 말해도 좋을 것입니다.

하지만, 좀 더 거시적巨視的으로 생각할 필요가 있습니다. 그렇게 고뇌할 때, 고난에 처했을 때 명호를 불러라. 이렇게 먼저 말해 주신 것은 바로 누구입니까? 그것은 바로 관세음보살의 뜻입니다. 내 이름을 부르는 이를 내가 구제해 주겠다고 하신 것은 바로 다름 아닌 관세음보살의 서원입니다. 이렇게 본다면, 먼저 관세음보살이 작용을 하신 것이며, 그에 대한 반응으로서 중생들의 명호 부르기(칭명稱名)가 있게 됩니다. 이런 점에서 시간적으로도 '타력'이 '자력'에 앞서고 있으며, '관세음주의觀世音主義'가 '중생주의'에 앞선다고 할 것입니다.

그런 까닭에, 처음에 먼저 관세음보살로부터 우리에게 어떤 작용이 가해져 옵니다. 그리고 그에 대한 응답으로서, 즉 관세음보살의 구제에 대한 믿음과 그에 따르는 기쁜 마음에서 우러나오는 행위가 명호 부르기일 수도 있습니다. 실제로 그 이름을 부르는 행위를 이름 부르는 사람 스스로가 어떻게 느끼느냐, 어떻게 인식하는가 하는 점은 각기 다를 수 있습니다. 저의 경우에는 행위나 조건이 아니라 '신심환희信心歡喜'입니다. 그 약속을 믿기에 생기는 환희의 소리, 그것이 염불입니다.

이렇게 중생에 대한 자비심이 믿음의 길을 열어주었으며, 이 길을 통하여 중생을 제도하려는 불교의 그물이 더욱 확장되었던 것입니다. 특히 제가 마음 아프게 생각하는 것은 우리나라에서 이 믿음의 길을 연구하여, 대중들에게 그 세계를 펼쳐 보여드리는 불교학자들이 매우 드물다는 점입니다. 정작 절에서는 "관세음보살"이나 "나무아미타불" 이름을 외는 '믿음 행자'들이 더 많은 현실인데 말입니다. 그 부조화가 가슴 아픕니다. 현장의 신자들이 이론적 뒷받침을 못 받고 있는 안타까운 현실입니다. 제가 이 책을 쓰고 있는 이유 중의 하나입니다.

관음신앙 안의 세 가지 길

앞서 불교에 세 가지 길이 있음을 살펴보았습니다. 도표를 통해서 다시 정리해 보면 다음과 같습니다.

불교 ┬ 지혜의 길 : 깨달음, 명상, 선
       ├ 행위의 길 : 보살도, 자비
       └ 믿음의 길 : 아미타, 약사, 미륵, 지장, 관음신앙

이 표를 통해서 볼 때, 관음신앙은 믿음의 길 안에 들어갑니다. 불교 안에 존재하는 하나의 하위 범주에 지나지 않습니다. 그렇게 정리할 수 있습니다.

그런데 그렇게만 말하는 것은 교과서적 설명으로서는 적절할지 모르지만, 뭔가 알맹이를 놓쳐 버린 느낌이 없지 않습니다. 그래서 저는 '관음신앙 안에 모든 불교가 다 들어 있다.'라고 말해 보려 합니다. 관음신앙 안에 세 가지 길이 다 들어 있다고 한다면, 모든 불교가 다 들어 있다고 할 수 있지 않겠습니까. 그래서 여기서는 그 점을 정리해 보겠습니다.

첫째, 믿음의 길이 관음신앙 안에 있음은 두말할 나위 없

습니다. 이 점은 앞서 설명드렸지만, 되풀이합니다. 불교 역사에서는 믿음의 길이 지혜의 길이나 행위의 길보다 늦게 태어났지만, 관음신앙을 말할 때는 제일 먼저 믿음의 길을 말해야 합니다. 왜냐하면 『관음경』이 관음신앙을 대표하는 경전으로 자리 잡으면서 관세음보살이 구제자의 이미지로 굳어진 것이 사실이기 때문입니다. 『관음경』을 중심으로 하는 믿음의 길에 대해서는, 2부에서 다시 『관음경』을 분석하며 자세히 말씀드릴 기회가 있을 것입니다. 그러므로 여기서는 간략히 이 정도로만 말씀드립니다.

둘째, 지혜의 길 역시 관음신앙 안에서 찾을 수 있습니다. 바로 『반야심경』에서 만날 수 있습니다. 『반야심경』은 우리의 모든 의식儀式이나 모임에서 독송됩니다. 『관음경』보다도 더 널리 독송되고 있습니다. 그렇지만, 『반야심경』을 관음신앙의 경전으로 인식하지는 못합니다. 『반야심경』에서의 관세음보살은 "깊은 반야바라밀般若波羅蜜(prajñā-pāramitā)을 수행하셔서 모든 괴로움으로부터 벗어난 분"이라는 점을 재인식할 필요가 있습니다. 종래에 이 구절을 이해할 때, 그 중심은 '반야바라밀'에 있었습니다. 그리고서는 반야바라밀에 대한 설명으로 넘어가고 말았습니다. 그러면서 관세음보살의 모습 중 하나가 바로 그 구절에서 등장하고 있다는 점을 놓치고 말았습니다. 관세음보살 스스로 성불해 가는 모습, 즉 반야바라밀이라는 지혜의 길을 걸어서 부처가 되는, 매우 중요한 점을 놓치고 있는 것입니다.

셋째, 행위의 길 역시 관음신앙 안에 등장합니다. 바로『화엄경』을 통해서입니다.『화엄경』의 마지막「입법계품入法界品」에서는 선재善財동자라는 주인공이 등장합니다. 어린 소년입니다. 53분의 선지식(스승)을 찾아서 진리를 묻는 이 선재동자가 만난 스물여덟 번째의 선지식이 바로 관세음보살입니다. 선재동자는 여느 때와 다름없이 어떻게 하면 보살의 길을 잘 실천할 수 있는지 묻습니다. 다른 스승들과 마찬가지로, 관세음보살 역시 자신이 역점을 두고 행하고 있는 일을 말씀해 주십니다. 말하자면 관세음보살의 자기철학을 설하고 있는데, 바로 자비를 실천하라는 것입니다. 자비를 실천하는 것, 그것이야말로 보살의 길이며 보살이 행해야 할 '행위의 길'일 것입니다.

「백화도량발원문」의 관음신앙

『관음경』은 구제자 관세음보살을 말하고 있습니다. 그 기본적인 입장을 다음과 같이 요약할 수 있습니다.

우리가 살아가면서 고난에 처했을 때나 원하는 바가 있는 때 일심一心으로 관세음보살의 이름을 외면, 즉시에 나타나셔서 그 고난으로부터 벗어나게 해 주시는 분입니다.

그런 관세음보살을 향하여, 우리 중생들은 그저 구제해 주시리라 믿고 기다리기만 하면 됩니다. 하지만 저는 한 글을 만나면서 관음신앙의 또 다른 측면을 알게 되었습니다. '구제자 – 피구제자' 모델의 관음신앙 외에 '스승 – 제자' 모델의 관음신앙이 있음을 깨닫게 되었던 것입니다.

그 글은 바로 「백화도량발원문」입니다. 신라 화엄종의 창시자 의상義相(625~702) 스님이 저술했다고 전해지는 짧은 발원문입니다. 의상 스님의 저술이 아닐 가능성도 높게 점쳐집니다. 저자 문제보다 더 중요한 것은 그 내용입니다. 여기서 일단 전문을 한번 읽어볼 필요가 있을 것 같습니다. 원문은 한문이지만, 제가 다음과 같이 번역했습니다.

　　머리 숙여 귀의하옵고
　　저희 스승 관세음보살님의 대원경지大圓鏡智를
　　우러르며
　　제자의 성정본각性靜本覺을 관찰하옵니다.
　　한가지로 근본이 같으므로 청정하며 밝아서
　　시방세계에 두루하오나 확연히 텅 비었으니
　　중생이라 부처라 할 모습이 따로 없고,
　　귀의의 주체니 대상이니 부를 것이 없습니다.
　　이렇게 이미 밝고 깨끗하지만 비춤에 어긋남이 없으니,
　　삼라만상 가운데 몰록 나타나십니다.
　　저희 스승의 수월장엄水月莊嚴과 다함없는 상호,
　　제자의 헛된 몸과 유루有漏의 형체 사이에는
　　의보依報와 정보正報, 정토와 예토, 즐거움과
　　괴로움이 같지 않습니다.
　　그러나 모두 같은 대원경지를 떠나지 않습니다.
　　관세음보살님 거울 속 제자의 몸으로
　　제자의 거울 속에 계신 관세음보살님께
　　귀명정례歸命頂禮하여
　　진실한 발원의 말씀을 사뢰오니 가피를 바랍니다.
　　오직 원하옵나니
　　제자는 세세생생 관세음보살님을 염하며

스승으로 모시겠습니다.

관세음보살이 아미타부처님을 정대頂戴함과 같이

제자 역시 관세음보살님을 정대하여

십원육향十願六向, 천수천안과 대자대비는 관세음보살님

과 같아지며

몸을 버리는 이 세상과 새 몸 얻는 저 세상에서

머무는 곳곳마다 그림자가 물체를 따르듯이

언제나 설법하심을 듣고 교화를 돕겠습니다.

널리 온 누리 모든 이웃들에게

대비주大悲呪를 외게 하고

관세음보살님을 염송케 하여

다함께 원통삼매圓通三昧에 들게 하소서.

또한 관세음보살님께 원하옵나니

이 목숨 다할 때에는 밝은 빛을 놓아 맞아 주시오며

모든 두려움을 떠나서 몸과 마음이 쾌활하고

찰나에 백화도량白華道場에 왕생하여

여러 보살과 정법을 함께 듣고 진리의 흐름에 들어

생각 생각 더욱 밝아져 부처님의 무생법인無生法忍을 발

하게 하소서.

모든 원을 발하며

관자재보살마하살께 귀명정례하옵니다.✦

✦   종래「백화도량발원문」은 밑줄 친 부분이 결락(缺落)된 것이었습니다.

이『백화도량발원문』을 전에 만나 본 일이 있는 분도 계시겠지만, 처음으로 만나는 분도 계시리라 생각됩니다. 이 발원문의 의미에 대해서는 저의 책『천수경과 관음신앙』** 제3부에서 살펴본 일이 있습니다.

다만 여기서는「백화도량발원문」을 통해서 관음신앙의 또 다른 측면을 알게 되었던 충격에 대해서만 말씀드리겠습니다. 바로 다음과 같은 부분입니다.

> 몸을 버리는 이 세상과 새 몸 얻는 저 세상에서
> 머무는 곳곳마다 그림자가 물체를 따르듯이
> 언제나 설법하심을 듣고 교화를 돕겠습니다.

"교화를 돕겠습니다"라는 부분이 나오지요? 그 부분에 밑줄을 좀 그어주십시오. 한문 원문은 '조양진화助揚眞化'입니다. 분명히 '도울 조助'가 등장합니다. '완성하다, 이루다'라는 뜻도 있습니다. '조성助成'이라고 할 때는 '완성하다'라는 의미로 쓰입니다. 다만, 저는 '돕다'라는 뜻에서 이 의미를 파악합니다.

아니, 관세음보살님을 돕겠다니? 이게 무슨 말입니까? 앞

다행히, 박동춘 선생님 소장(所藏)의『백화도량발원문약해』에서 밑줄 친 부분이 다 있는 '완본(完本)「백화도량발원문」'을 정병삼 선생님이 발굴하여, 학계에 보고하였습니다. 이 번역은 정병삼 선생님의 보고에 입각하여 완본을 재구성하고 새롭게 옮긴 것입니다. 두 분 선생님께 감사드립니다.

◆◆   동국대학교출판부, 2006.

에서도 말씀드린 것처럼, 우리가 관세음보살이라 말하면 떠올리는 이미지, 즉 '우리를 고난으로부터 도와주시는 분 관세음보살'이라는 이미지와는 정면으로 상반됩니다. 그 이미지는 종래부터 있었던, 원래의 것인데 말입니다.

절에 다닌 지 20년 되는 분은 20년 동안, 30년 되는 분은 30년 동안 "관세음보살님, 도와주소서"라고 요청하고 부탁하기만 해온 세월일 것입니다. 대개 그럴 것입니다. 당연히 도움을 받아야 한다고만 생각했고, 또 부탁을 들어 주시리라 기대만 했지 않습니까? 가끔은 "내가 그렇게 열심히 기도했는데, 도와주시지 않는구나" 하면서 더러 원망하는 때도 있었을지 모릅니다.

그런데 「백화도량발원문」에서는 관세음보살의 "교화를 돕겠습니다"라고 고백하고 있습니다. 언제 한 번이라도, 단 한 번이라도 '그래, 내가 관세음보살을 좀 도와 드려야겠다'라고 마음을 낸 적이 있었을까요? 저는 없습니다. 아니, 적어도 이 「백화도량발원문」을 만나기 전에는 없었습니다. 그래서 충격이었습니다.

"교화를 돕겠습니다"라는 이 구절을 읽고서, 그 의미를 곰곰이 되새겨보는 순간 저는 물구나무를 선 기분이었습니다. 머리가 땅으로 오고, 두 발이 하늘을 향하게 되었습니다. 밤이 낮이 되고, 낮이 밤이 되었습니다. 그래서 저는 이때의 체험을 '신앙의 첫 번째 혁명'이라 부르게 되었던 것입니다. 그 이후 저는 「백화도량발원문」을 우리말로 옮기고 강의하고 또 노래하였습니다. "관세음보살님도 힘드십니다. 우리가 좀 도와 드립시다"라고 말하게 되었습니다.

이렇게 「백화도량발원문」을 만남으로써 관세음보살에 대한 저의 이해가 더 넓어지고 더 깊어지게 되었습니다. 믿음의 길 외에도 지혜의 길, 행위의 길이 관음신앙 안에 다 있음을 알게 된 것입니다. 관음신앙으로 불교를 다 포괄할 수 있음도 배웠습니다.

관음신앙의 세 가지 유형

『관음경』의 관음신앙, 즉 "관세음보살님, 도와주소서"의 신앙 외에 "관세음보살님, 도와드리겠습니다"라고 하는 유형이 있음을 알고 나자, "관세음보살님처럼 되겠습니다"라고 하는 관음신앙 역시 제 눈에 보이게 되었습니다.

이 유형 역시 「백화도량발원문」에 제시되어 있습니다.

> 관세음보살이 아미타 부처님을 정대頂戴함과 같이
> 제자 역시 관세음보살님을 정대하여
> 십원육향十願六向, 천수천안과 대자대비는
> 관세음보살님과 같아지며

"같아지며"라는 것은 바로 "관세음보살님처럼 되겠습니다"라는 발원입니다. 관세음보살상을 보면, 머리에 보배관을 쓰고 계십니다. 그 보배관 중앙에 부처님 한 분이 자리하고 계십니다. 바로 관세음보살의 스승 아미타불입니다. 그렇게 관세음보살이 아미타불을 머리에 이고 계시는 것을 '정대頂戴'라고 합니다.

『무량수경』에서 관세음보살은 아미타불의 일을 도와드리는 보처補處의 보살로 설명되니, 관세음보살의 보배관 속에 아미타불을 새겨 모셨다고 할 수도 있겠지요. 이렇게 관세음보살이 아미타불을 모시듯이, 우리도 관세음보살을 모심으로써 그분처럼 되겠다는 서원을 세우고 있습니다.

이리하여 저는 '관세음보살을 신앙하는 데 세 가지 유형이 있음'을 깨닫게 되었습니다. 그 세 가지 유형을 다시 한번 간략하게 정리하면 다음과 같습니다.

제 1류 "관세음보살님, 도와주소서"라고 하는 신앙
제 2류 "관세음보살님처럼 되겠습니다"라고 하는 신앙
제 3류 "관세음보살님, 도와드리겠습니다"라고 하는 신앙

이러한 세 가지 유형은 우리(중생)의 입장에서 우리가 관세음보살과 맺는 관계를 분명히 드러낸 것은 아닙니다. 바로 그 점을 분명하게 드러내 보면, 또 다음처럼 정리할 수 있을 것입니다.

제 1류 관세음보살 vs 나 = 구제자 vs 피被구제자
제 2류 관세음보살 vs 나 = 스승 vs 제자
제 3류 관세음보살 vs 나 = 피조력자 vs 조력자

우리 중생과 관세음보살 사이의 관계맺음이 이렇게 세 가지로 달라질 수 있기에 저는 관음신앙의 유형을 세 가지로 나누

었던 것입니다. 흥미로운 것은 이들 세 가지 유형이, 앞서 제가 말씀드린 세 가지 길에 꼭 부합된다는 점입니다.

제1류는 믿음의 길, 제2류는 지혜의 길입니다. 그리고 마지막 제3류는 행위의 길입니다. 이를 다시 도표로 정리해 보면 다음과 같이 됩니다.

┌─ 제 1류 (믿음의 길) 아미타, 약사, 지장, 미륵, 관음신앙 등
├─ 제 2류 (지혜의 길) 초기불교, 반야, 선불교
└─ 제 3류 (행위의 길) 대승불교의 보살도

이 표를 보고 한번 곰곰이 생각해 봅시다. 이 도표에 들지 않는 불교가 가능할까요? 믿음의 길, 지혜의 길, 행위의 길, 이렇게 세 가지 길로도 포섭되지 않는 불교가 과연 있을까요?

그럼 다라니陀羅尼/dhāraṇi, 즉 진언眞言을 외우는 밀교는 어디에 속할까요? 자신의 성불을 위한 자력의 길로써 다라니를 외운다면 제2류, 그렇지 않고서 불보살의 가피를 얻기 위한 타력의 길로써 다라니를 외운다면 제1류에 해당합니다. 그래서 저는 감히 "관음신앙 밖에 불교가 없다"라고 말하는 것입니다. 관음신앙 안에는 세 가지 불교가 모두 다 포괄되어 있기 때문입니다.

관세음주의 vs 중생주의

요약 및 정리

세 가지 길이니, 세 가지 유형이니 하는 분류가 다소 혼란스러울 수도 있겠습니다. 그러나 그렇게밖에 말씀드릴 수 없는 이유가 있습니다.

　우선, 세 가지 길은 불교 전체에서 관음신앙이 어떤 위상을 차지하는지를 규명하는 맥락에서입니다. 지혜의 길, 행위의 길, 그리고 믿음의 길 중에서 관음신앙은 믿음의 길에 속합니다. 그런데 좀 더 자세히 살펴보면, 관음신앙 그 자체에 이미 지혜의 길도, 행위의 길도, 믿음의 길도 다 들어있음을 알 수 있습니다.

　그리고 세 가지 유형으로 분류한 것은 관음신앙 안에서도 관세음보살과 중생들 사이의 관계 맺음이라는 관점에서 볼 때, 각기 다양한 차원이 있음을 설명하기 위해서입니다. 이는 관음신앙을 언급하는 불교의 문헌(경전이나 발원문)에 대한 공부를 통해서 발견하였습니다. 특히 저 자신의 신앙적 변화과정 역시 그러한 세 가지 유형과 관련되었다는 점도 말씀드렸습니다.

세 가지 유형은 다시 관세음보살의 이미지를 두 가지 차원으로 나누어 볼 수 있게 합니다.

```
┌ 제1류 (= 믿음의 길) ─ 구제자 관세음보살
├ 제2류 (= 지혜의 길) ┐
└ 제3류 (= 행위의 길) ┘ 스승 관세음보살
```

"관세음보살님, 도와주소서"라는 차원의 신앙, 즉 믿음의 길을 걸어가는 관음신자觀音信者들에게 관세음보살은 그들을 구제해 주시는 구제자의 이미지로 다가갑니다. 구제자의 이미지로 받아들여집니다.

하지만 "관세음보살님처럼 되겠습니다"라는 차원의 신앙, 즉 지혜의 길을 걸어가는 관음행자觀音行者들과 "관세음보살님, 도와드리겠습니다"라는 차원의 신앙, 즉 행위의 길을 걸어가는 관음행자들에게 관세음보살은 스승의 이미지로 다가갑니다. 스승 관세음보살의 이미지로 다가가는 것입니다.

여기서 제가 '관음신자'라는 말을 새로 만들어서 종래 널리 쓰여온 '관음행자'라는 말과 구별해서 쓰는 점을 유의해서 읽어주시기를 부탁드립니다. '신자'라는 말에는 관세음주의의 입장이 투영되어 있고, '행자'라는 말에는 중생주의의 입장이 투영되어 있다고 보았기 때문입니다.

둘째 유형, 즉 지혜의 길에서 관세음보살은 중생들이 닮아가야 할 롤 모델이 되어 줍니다. 그런 점에서 스승입니다. 셋째 유형, 즉 행위의 길에서 중생들은 다소라도 관세음보살의 구제행에 참여하게 됩니다. 그럼으로써 관세음보살이 중생을 돕는 것이 아니라 중생이 오히려 관세음보살을 돕게 됩니다. 그런 점에서 스승을 돕는 제자의 모습이라고 앞에서 말씀드린 것입니다. 요컨대 제2류의 관음신앙이나 제3류의 관음신앙이 공히 스승 관세음보살이라는 이미지를 갖고서 행해지게 된다는 것입니다. 앞에서 저는 이러한 이야기를 자세히 말씀드렸습니다.

누가 믿고, 누가 행하는가

관세음보살을 향해서든 아미타불을 향해서든 믿음의 길을 걸어감에 있어서 관세음보살이나 아미타불이 주어主語가 되어서, 즉 그 신앙행위의 주체主體가 되어서 행하는 것을 관세음주의 내지 아미타주의라고 불러봅니다. 관세음주의, 아미타주의, 또는 불타주의는 다 제가 새롭게 만들어낸 용어입니다. 이와 상대되는 개념이 중생주의입니다. 중생이 주체가 되는 입장을 말합니다.

물론 이러한 개념은 종래의 어떤 개념을 대신하려는 것이기도 합니다. 그 개념들이 특별한 문제가 있어서는 아닙니다만, 너무나 많은 사람들이 거부감을 가지고 쉽게 받아들이지 않는 것 같아서입니다. 바로 '타력'과 '자력'이라는 개념입니다. 불교를 자력과 타력으로 나누는 것은 중국 정토불교의 담

란曇鸞(476~542) 스님으로부터 시작됩니다. 우리나라 불교 풍
토에서는 특히 타력을 거부하는 분위기가 강한 것 같습니다.
이를 저는 '타력 콤플렉스'라고 부르기도 합니다. 타력이라는
말을 그토록 거부하는 것은 불교가 깨달음의 종교이며, 지혜
의 길이므로 자력의 길이고 자각의 길이라는 뿌리 깊은 의식
이 있기 때문입니다.

　물론, 맞습니다. 하지만, 석가모니 부처님 이래로 불교에
서 설법의 근본 방향은 설법을 듣는 사람들의 근기에 따라서,
맞추어서 설한다는 것입니다. 우리 중생들 가운데는 지혜의
길, 자력의 길을 걷지 못하는, 그 길을 감당할 수 없는 사람들
도 있지 않겠습니까? 없지 않을 것입니다. 아니, 어쩌면 현재
는 그런 사람들이 더 많을지도 모릅니다. 그런 사람들에게 주
어지는 법문이 앞서 말씀드린 믿음의 길입니다. 관세음보살이
며 아미타불입니다.

　타력이라는 어감 때문에, 남에게 의지하는 것 같아서 독
립성이나 자존 의식이 약한 것 같아서 거부감을 가지는지도
모르겠습니다. 하지만 자력이라고 완전무결, 완벽한 것은 아
닙니다. 자력으로 문제를 해결하려고 할 때 이미 거기에는 그
'스스로(自)'에 대한 자존감, 집착 같은 것이 있다는 점입니다.
불교는 자기 자신에 대해서조차 집착이 없어야 하고, 고정된
관념(상相=상想)이 없어야 합니다. 『금강경』에서 말하는 것처
럼, "아상我相이 없어야 합니다." 그런데 타력의 입장에서 볼
때, 자력의 수행에는 자칫 그러한 자아에 대한 고집에 빠지기

쉬운 위험성이 있습니다. 흔히 '도고마성道高魔盛'이라는 말을 하지 않습니까. 수행을 많이 해서 도가 높아지면 높아질수록 마도 왕성해진다는 뜻입니다. 이때 '마'는 우리 마음 밖에 있는 어떤 괴이한 존재가 아니라, 우리 마음 안에 있습니다. '아상'을 갖게 된다면, 바로 그러한 아상이 우리의 도를 방해할 것입니다. 그래서 '아상'을 '마'라고 할 수 있습니다.

무엇보다도 제가 새롭게 불타주의를 주장하는 배경에는 시점의 문제가 있습니다. 관세음보살의 명호를 외면서 관세음보살에게 구제를 요청하는 때로부터 본다면, 그러한 명호를 외는 것 역시 하나의 수행일 수도 있으니까 자력이라고 볼 수 있습니다. 지금까지 저 역시도 그렇게 생각해 왔습니다. 그런데 이제 다시 곰곰이 생각해 보니, 시점을 좀 더 당길 필요가 있겠습니다.

우리가 관세음보살이라고 이름을 외기 전에 먼저 관세음보살의 목소리가, 손짓이 있었던 것 아닐까요? 우리를 부르는 소리이고, 우리를 재촉하는 손짓입니다. 우리를 향하여 관세음보살의 명호를 불러 달라고 요구한 것이지요. 이를 초청이라고 할 때, "관세음보살"이라고 부르는 우리의 칭명은 그 초청에 대한 응답이 아니겠습니까. 응답 자체는 자력이라 중생주의라 할 수도 있겠습니다만, 그 이전에 관세음보살의 초청이 이미 먼저 있었기에 우리의 관세음보살 염불은 관세음주의라고 보아야 할 것입니다. 관세음보살 염불은 관세음보살이 주체가 되어서 주어로서 행위 하는 것이 아닐 수 없습니다.

저 역시 '한국불교의 아들'이기에 중생주의의 입장을 가졌습니다만, 2017년에 야나기 무네요시(柳宗悅, 1889~1961) 선생의 『나무아미타불』* 이라는 책을 번역하면서 정토불교의 세계에 깊이 침잠해 갔습니다. 저도 모르게 아미타불의 목소리를 듣고 손짓을 보게 된 것입니다. 그 덕분에 타력의 길, 즉 불타주의를 깨달을 수 있었습니다. (이러한 저의 변화를 '두 번째 신앙혁명'이라고 생각하고 있습니다. 첫 번째 신앙혁명은 관음신앙에 '관세음보살님을 도와 드리겠습니다'라는 것이 있다고 알게 된 것이었음은 이미 앞서 말씀드린 바 있습니다.) 불타주의의 입장에서, 구체적으로는 관세음주의의 입장에서 관세음보살 신앙을 다시 정립하고자 하는 것이 이 책의 기본 입장입니다.

다음 장부터는 먼저 중생주의의 입장, 즉 자력의 관세음보살 신앙을 말씀드린 뒤, 다시 관세음주의의 입장, 즉 타력의 관세음보살 신앙을 말씀드리고자 합니다.

◆　모과나무, 2017.

제
4
장

중생주의
관세음보살

「백화도량발원문」의 성관음

앞에서 중생주의는 자력을 달리 부른 말이라고 하였습니다. 그리고 "명호를 외는 것 또한 일종의 수행이니 자력이라고 볼 수 있"다고도 하였습니다. 그러나 사실 자력으로 정의하기에는 미진한 감이 없지 않습니다. 만약 그렇게만 말하고 만다면, 모든 불교의 신앙이나 수행은 자력일 수밖에 없게 됩니다. 수행자 개인의 노력이 1%도 들어가지 않는 신행信行은 애당초 불가능할 것이기 때문입니다.

여기서 말하는 자력수행은 수행자의 자기 노력이 얼마나 들어가는가 하는 정도의 문제가 아니라, 스스로 부처가 될 수 있다는 믿음을 갖느냐 갖지 못하느냐에 기준을 두는 것을 의미합니다. 이 기준의 변화를 주의해서 생각해야 할 것입니다.

관세음보살 신앙에서는 중생들이 스스로 관세음보살이 될 수 있다고 생각할 때, '자력의 관음신앙'이라 할 수 있습니다. 자력의 관음신앙은 스스로 관세음보살이 되려는 태도를 말합니다. 그런 태도로 관세음보살을 믿고 그 이름을 염하는 것은 자력입니다. 그러한 자력의 관음신앙, 즉 스스로 관세음보살이 되려고 하는 입장에서 스스로 그 수행과 성불(成觀音)

의 주체가 되려고 하는 태도를 저는 중생주의의 관음신앙이라 부르는 것입니다.

이런 입장은, 앞서 말씀드린 바와 같이 「백화도량발원문」에서 확인할 수 있습니다.

> 관세음보살이 아미타 부처님을 정대頂戴함과 같이
> 제자 역시 관세음보살님을 정대하여
> 십원육향十願六向, 천수천안과 대자대비는 관세음보살님과 같아지며

"십원육향"은 『천수경』에 나옵니다. 『천수경』을 외는 분들은 다 아시겠습니다만, "나무대비관세음 원아속지일체법"으로 시작하여 "나무대비관세음 원아조동법성신"으로 끝나는 부분이 있지 않습니까? 그 부분이 '십원十願'입니다. '원'이라는 글자가 열 번 나오기 때문입니다. 또 '육향六向'은 "아약향도산, 도산자최절"부터 "아약향축생, 자득대지혜"까지를 가리킵니다. '향'이라는 말이 여섯 번 나오기 때문입니다. 이 십원과 육향 부분은 "나무대비관세음"이라고 시작하고 있어서 마치 관세음보살이 아닌 존재가 관세음보살을 향해 '나무(귀의)'를 고백하는 것으로 보이지만, 그렇지 않습니다. 관세음보살 스스로 자기에게 귀의하면서 행하는 발원문입니다. 먼저 관세음보살이 그렇게 발원한 뒤, 중생들 역시 관세음보살을 따라서 발원하라는 맥락입니다. 그러므로 십원육향이 '관세음보살과

같아지며'라는 말은, 관세음보살의 발원을 중생 스스로의 발원으로 삼겠다는 이야기입니다.

다음 "천수천안"은 손이 천 개, 눈이 천 개라는 의미입니다. 이는 관세음보살의 능력을 상징하는 말입니다.

"대자대비"는 관세음보살의 마음을 말합니다. 자비를 뜻합니다.

그러므로 관세음보살의 서원은 물론, 그 능력이나 마음(자비심)에 있어서도 관세음보살과 같아지기를 발원하는 것이 「백화도량발원문」의 내용입니다. 그렇게 세 가지 측면에서 따져볼 때, 중생이 관세음보살과 같아진다는 것은 곧 관세음보살이 되겠다는 이야기입니다. 성관음成觀音입니다.

「백화도량발원문」에는 중생이 스스로 관세음보살처럼 될 가능성을 뒷받침하는 논리가 있습니다. 바로 그 시작부터 나오는 귀의의 뜻을 사뢰는, 다음과 같은 부분입니다.

머리 숙여 귀의하옵고
저희 스승 관세음보살님의 대원경지大圓鏡智를
우러르며
제자의 성정본각性靜本覺을 관찰하옵니다.
한가지로 근본이 같으므로 청정하며 밝아서
시방세계에 두루하오나 확연히 텅 비었으니
중생이라 부처라 할 모습이 따로 없고,
귀의의 주체니 대상이니 부를 것이 없습니다.

이렇게 이미 밝고 깨끗하지만 비춤에 어긋남이 없으니,
삼라만상 가운데 몰록 나타나십니다.
저희 스승의 수월장엄水月莊嚴과 다함없는 상호,
제자의 헛된 몸과 유루有漏의 형체 사이에는
의보와 정보, 정토와 예토, 즐거움과 괴로움이 같지 않습
니다.
그러나 모두 같은 대원경지를 떠나지 않습니다.

"대원경지"는 관세음보살의 지혜를 거울에 비유한 것이고,
"성정본각"은 중생이 본래부터 갖고 있는 깨달음의 성품을
말합니다. 이 말은 각기 도착점에서 보는가, 아니면 출발점에
서 보는가의 차이가 있을 뿐, 결국은 같은 뜻입니다. 도착점
의 대원경지나 출발점의 성정본각이나 실은 동일한 경지입
니다. 왜냐하면 중생에게는 성정본각이 있고, 부처님이나 관
세음보살에게는 대원경지가 있기 때문입니다.

　물론 부처님이나 관세음보살의 경지와 우리 중생의 경지
가 같을 수는 없습니다. 차이가 있습니다. 그분들은 달이 물
에 비출 때마다 달그림자가 물에 비추는 것처럼 중생을 제도
함에 있어서 아름다운 역할을 해주십니다. 그것을 "수월장
엄"이라 했습니다. 또 그분들은 번뇌가 없다는 뜻에서 '무루無
漏'이지만, 중생들은 번뇌가 있다는 뜻에서 "유루"입니다. 즉
차이가 없지 않습니다.

　그럼에도 불구하고 "모두 같은 대원경지를 떠나지 않습

니다."라고 말하였습니다. 다 동일한 경지에서 존재할 수 있다는 것입니다. 이러한 인식을 하고, 이렇게 자신하면서 믿고 수행해 가는 것이 중생주의의 입장이고, 자력의 입장입니다. 이때 관세음보살은 우리가 닮아야 할 스승이며 롤모델입니다.

『반야심경』의 관세음보살

『반야심경』의 재인식

『반야심경』은 거의 모든 법회에서 읽는 경전입니다. 짧기도 해서 대개 불자님들은 외우고 있습니다. 그런데 이 『반야심경』이 관세음보살 신앙과 관련된다는 점을 잘 알지는 못하는 것 같습니다. 그 이유는 두 가지 측면에서 생각해 볼 수 있습니다.

첫째는 관세음보살이 등장하기는 하지만, 우리가 일반적으로 생각해 온 관세음보살의 신앙과는 동떨어진 내용이라고 생각해서일지도 모릅니다. 일반적으로 널리 알려진 관음신앙은 『관음경』의 관세음보살입니다. 관세음보살의 명호를 외면 고통에서 벗어나게 해 주신다는 신앙이 관음신앙이라는 고정된 이미지가 있습니다. 그런 맥락은 『반야심경』과는 일치되지 않습니다.

둘째는 『반야심경』에서 말하는 내용이 공사상이라고 보기 때문입니다. 그렇습니다. 공이야말로 『반야심경』의 주제입니다. 그렇기에 관세음보살이 등장하기는 하지만, 그것만으로 관음신앙의 경전이라고까지 생각하지는 못해왔습니다.

127

저 역시도 그랬습니다만, 중국의 관음 성지 푸퉈(보타)산을 다녀오면서 생각이 달라졌습니다. 저는 반드시 그런 것만은 아니라는 점을 깨닫게 된 것입니다. 그 이야기는 이미 「『반야심경』, 관음신앙의 소의경전」이라는 제목의 글로 정리하여 저의 책 『천수경과 관음신앙』에 수록하였습니다.

그러므로 여기서는 『반야심경』에 나타난 관세음보살 신앙은 중생주의의 입장임을 언급하는 것으로 일단락 짓겠습니다.

관자재보살이 깊은 반야바라밀다를 행할 때 오온五蘊이
공함을 비추어 보시고 모든 괴로움으로부터 벗어나셨다.

『반야심경』은 이 말씀으로 시작되는데, 사실은 이 말씀이 곧 『반야심경』의 대강大綱이라고 할 수 있습니다.

'반야'는 지혜입니다. 세속적인 슬기나 꾀, 현명함이 아니라 우리 인간 존재의 참모습을 통찰하는 지혜를 말합니다. '바라밀'은 건너간다는 뜻입니다. 지혜로 고해苦海, 즉 고통의 바다를 건너가는 것을 말합니다. 즉 반야바라밀은 열반이고 깨달음입니다. 성불입니다.

관자재보살, 즉 관세음보살은 스스로의 성불을 위해서 수행하실 때, 오온이 공하다는 사실을 아셨다고 합니다. 여기서 '오온'은 우리 인간을 구성하는 다섯 가지 요소입니다. 육체(물질), 감정, 생각, 의지, 그리고 의식을 '다섯 가지 범주'라는 뜻에서 오온이라고 합니다.

그러한 오온이라는 범주에 의지하여 살펴볼 수 있는 것이 인간 존재입니다. 다섯 가지 범주로 나누어서 볼 수 있습니다만, 그 하나하나는 다 영원하지 않고, 괴롭고, 영원한 주체라고 할 만한 것이 없습니다. 초기 경전인 『아함경』에서는 무상, 고, 무아의 세 가지 진리를 말씀하고 있습니다. 무상, 고, 무아를 대승불교에서는 '공'이라고도 말합니다. 같은 뜻인데 말만 다릅니다.

여기서 재미있는 것은, 사실 『반야심경』의 범어본을 보면 "모든 괴로움으로부터 벗어나셨다(度一切苦厄)."라는 말에 해당하는 내용이 없다는 점입니다. 한문으로 번역할 때 집어넣었음을 알 수 있습니다. 그렇게 보완할 수 있는 근거는 무엇일까요? 바로 '반야바라밀에 의지하여' 수행하노라면 '마침내 열반에 이른다'라는 말이나, '위없이 높고 올바른 깨달음을 얻을 수 있다'는 내용이 『반야심경』의 뒷부분에 나오기 때문입니다. 그렇게 열반에 이르거나 위없이 높고 올바른 깨달음을 얻는다는 말을 "모든 괴로움으로부터 벗어나셨다."라는 말로 요약하여 표현한 것입니다.

『반야심경』은 화자話者가 한 번 바뀝니다. 지금까지 우리가 살펴본, "관자재보살이 … 괴로움으로부터 벗어나셨다."라는 말을 하는 화자와 바로 그 뒷부분, 즉 "사리자야, 색은 공과 다르지 않고…" 이후 부분은 말하는 주체가 서로 다릅니다. 뒷부분은 관자재보살이 설하신 것이고, 그 앞의 대강 부분은 관자재보살이 설하는 것이 아닙니다. 범본 『반야심경』을 보면, 그런 점이 분명하게 드러나 있습니다. 『반야심경』의 편찬자가 그 부분을 말했던 것입니다. 즉 『반야심경』의 내용을 간략히 요약하여 앞부분에 집어넣은 것으로 보입니다.

관세음보살의 자력수행

앞서 우리는 '자력'이라는 말을 정의하기를, 우리 스스로 부처가 될 수 있다고 믿고 생각하여 힘써 수행하는 것을 자력이라한다고 말하였습니다. 그러한 정의에 딱 부합하는 사례 중 하나가 바로 이 『반야심경』입니다. 『반야심경』에서 관자재보살은 반야바라밀을 닦고 있습니다. 반야바라밀을 닦으면서 오온이 곧 공이라고 하는 사실을 관찰할 수 있다면, 곧 반야바라밀을 얻을 수 있을 것입니다. 관자재보살 스스로 성불을 위하여 반야바라밀을 닦는 모습입니다.

'모든 괴로움으로부터 벗어나셨다'라는 부분을 해석하는데에도 두 차원이 있습니다. 첫째는 문맥으로 보아서 스스로수행하여 그 결과의 이익을 얻게 되었다고 보는 것입니다. 자력으로 자리自利에 이르렀다고 보는 해석입니다. 둘째는 한걸음 더 진전하여 해석하는 것입니다. 즉 관자재보살이 '일체모든 중생들의 고통을 제도해 주셨다'라고 해석하는 방식입니다. 이는 문맥에서 한 걸음 더 멀어지는 해석이라고 할 수있습니다만, 이렇게 해석함으로써 제도 중생하시는 관자재보살의 이미지가 가능하게 됩니다. 자력으로 이타利他를 행해가는 관자재보살의 이미지가 그렇게 해서 드러나게 됩니다.

앞에서 우리는 「백화도량발원문」을 공부하면서, 자력으로 자리를 위하여 나아가는 관음신앙은 '관세음보살 되기(成觀音)'라고 하였습니다. 관세음보살 신앙에는 관세음보살로부터 도움과 구제를 받는 신앙만이 아니라, 관세음보살이 되어가는 신앙이 있음도 말씀드렸습니다. 뿐만 아니라, 거기서 한 걸음 더 나아가서 관세음보살의 중생구제를 도와가는 것 역시 관세음보살 신앙의 한 형태라고 하였습니다.

세 가지 유형의 관음신앙 중에서 관세음보살 되기(=둘째 유형)나 관세음보살 돕기(=셋째 유형) 모두 관세음보살 스스로 주체가 되고 있습니다. 하지만, 그렇다고 해서 『반야심경』에서 관세음보살이 스스로 주체가 되어서 성불해 가는 모습을 두고서 '관세음주의'라고 말할 수는 없습니다. 왜냐하면 관자재보살이 '반야바라밀을 닦아갈 때'는 아직은 관자재보살이 되지 않았던 시절입니다. 중생으로서 반야바라밀을 닦아갈 때입니다. 그러므로 그 순간은 중생입니다. 중생주의의 입장에서 수행하고 있던 때입니다.

그렇게 하여 마침내 '모든 괴로움으로부터 벗어나셨다'라는 경지에 이르게 될 때, 비로소 중생주의는 완성됩니다. 그 이후에 중생들의 의지처가 되어서 중생을 구제하게 됩니다. 그러나 그럴 때에도 중생들에게 의지하지 않고 스스로의 힘으로 행해 가기에 관세음주의는 아닙니다. 관세음보살은 결코 관세음주의자가 될 수 없습니다. 중생주의자일 뿐입니다. 관세음주의자가 될 수 있는 것은 오직 중생뿐입니다.

관세음보살이 관세음주의자가 될 수 없다니 이상하다고 말씀하실지 모르겠습니다. 그러나 관세음주의는 타력, 중생주의는 자력이라는 점만을 상기하시면 이내 이해가 될 것입니다. 이러한 맥락을 잘 표현해낸 시 한 편을 소개합니다.

> 남들은 모두 타력 타력이라며 기뻐하지만
> 나는 아미타 부처님의 자력이 고맙다네
>
> – 야나기 무네요시, 『나무아미타불』, 303쪽

일본의 쇼마(庄松, 1799~1871)라는 재가의 거사가 읊은 시입니다. "모두 타력 타력이라며 기뻐하"는 사람들, 그런 "남들"이 많았다니 부럽기도 합니다. 중생들 입장에서 볼 때, 아미타불의 자비에 의지할 수밖에 없을 것이므로 타력, 타력을 말할 수밖에 없었을 것입니다. 중생들로서는 타력의 아미타주의를 믿었던 것입니다. 아미타 부처님께서는 그렇게 중생들에게 의지처가 되어 주기 위하여 5겁이나 되는 긴 세월 동안 보살행을 닦았다는 이야기를 『무량수경』은 전해주고 있습니다. 아미타불을 믿는 쇼마라는 정토 신자는 아미타불이 그렇게 자력으로 노력해 주셨음을, 아미타불께서는 스스로 중생주의의 입장을 취했음에 감사하며, 아미타 부처님의 은혜에 감읍하고 있는 것입니다. 이 쇼마의 노래에서 '아미타 부처님'을 '관자재보살'로 바꾸면, 그대로 관음신앙에도 통하는 이야기가 아닐 수 없습니다.

『반야심경』을 읽으면서 우리는 관자재보살과 일체화를 도모합니다. 관자재보살처럼 행하고자 합니다. 그런 이유에서『반야심경』의 관세음보살 신앙은 중생주의라고 하는 것입니다.

선에서 말하는 관음수행

『관음경』의 관음신앙은 어디까지나 "관세음보살, 관세음보살 -"하고 칭명하는 것입니다. 물론 "그렇게 칭명을 하는 데 이미 중생들의 자력이 들어가 있지 않느냐? 그러므로 타력이라 하는 관음신앙에도 이미 자력이 포함되어 있는 것 아닌가?"라고 말하는 분들도 없지 않습니다. 그러나 저는 그렇게 생각하지 않습니다. 우리가 이름을 부르는 행위 정도를 갖고서 타력인지 자력인지를 나누는 분기점으로 삼기는 어렵다고 보기 때문입니다.

저는 그 분기점의 기준이 그렇게 이름을 부르는 행위에 이미 관세음보살이 들어와 있는가, 아닌가 하는 점에 있다고 생각합니다. 바꾸어 말씀드리면, 겉으로 보면 우리 스스로 자력으로 외는 '관세음보살' 염불인 것 같아도, 사실상 관세음보살로부터 이름을 외라는 이야기를 듣고서 그에 대한 응답으로서 외는 것입니다. 그러므로 이름을 외는 주체는 내가 아니라 관세음보살이라고 하는 의식이 있다면 타력이 아니겠습니까? 그러한 의식을 저는 신심信心이라 말하는 것입니다. 그러므로 신심은 타력신심이고, 불타주의의 신심일 수밖에 없습니다.

그런데 그런 의식이 없이, '내가' 관세음보살의 명호를 왼다고 생각하면 자력입니다. 저의 입장은 자력과 타력을 좀 더 내밀한 깊이에서 다시 보자는 것입니다. 누가 이름을 부르게 했던가 하는 점에 초점이 있습니다. 관세음보살이 나로 하여금 관세음보살의 이름을 부르게 했다는 인식을 '신심'이라 말합니다. 그것은 곧 관세음보살이 곧 내 안에 들어와 있음을 고백하는 일이니까요.

이제 이러한 맥락과는 다소 다른 차원에서 중생주의를 말할 수 있는 또 다른 사례를 소개하겠습니다. 바로 선가禪家의 문헌인 『수심결修心訣』에 나오는 이야기가 그 실마리를 제공해 줍니다. '마음 닦는 비결'이라는 뜻의 제목을 가진 책, 『수심결』은 보조 국사 지눌의 저서입니다. 선을 말하는 이 책 안에 관세음보살이 등장하는 것도 이채롭습니다. 주목받지는 못했습니다만, 잘 보면 보입니다.

보조 스님과 한 수행자 사이에 다음과 같은 문답이 오갑니다.

"그대는 저 까마귀 우는 소리와 까치 지저귀는 소리를 듣는가?"

"예, 듣습니다."

"그대는 듣는 성품을 돌이켜 보아라. 거기에도 무슨 소리가 들리는가?"

"거기에 이르러서는 일체의 소리와 일체의 분별이 없습

니다.”

“기특하고 기특하다. 이것이 바로 관음입리지문觀音入理
之門이다.”

마지막 구절에 관세음보살이 등장합니다. 원문의 “관음입리
지문”은 두 가지로 해석할 수 있습니다. ‘관세음보살이 진리에
들어간 문’이라 해도 좋고, ‘소리를 관찰하여 진리에 들어가는
문’이라 해도 좋습니다. 둘 다 옳습니다. 그래서 번역을 하지
않고, 그냥 ‘관음입리지문’이라고 놓아두었습니다.

　　지금 보조 스님은 ‘까마귀 우는 소리와 까치 지저귀는 소
리’를 예로 들고 있습니다. 우리는 그 대신 ‘관세음보살’이라
외는 소리를 적용해 보기로 하지요. “그대는 관세음보살이라
이름을 부르면서 그 소리를 듣는가?”라고 말입니다. “관세음
보살, 관세음보살-” 하고 염불을 할 때, 우리는 어떻게 할까
요? 관세음보살을 생각하면서 그 이름을 외는 사람도 있고, 또
스스로 세운 서원이나 소원을 생각하면서 그 이름을 외는 사
람도 있을 것입니다. 그런데 보조 스님은 그렇게 하지 말라고
합니다. 그 대신 스스로 입으로 외는 ‘관세음보살’이라는 소리
를 듣는가? 이렇게 문제를 제기합니다.

　　그 소리를 ‘들으라’는 것인데, 다행히 수행자는 그렇게 하
고 있습니다. 그러자 보조 스님은 한 걸음 더 나아갑니다. 관세
음보살이라는 이름을 외는 자신이 그 이름을 들은 뒤에(혹은 들
으면서 다시) “듣는 성품을 돌이켜 보라”고 말합니다. 듣는 성품

을 다시 들어 보라는 이야기입니다. 한문으로는 반문문성返聞聞性이라고 합니다. 듣는 성품을 듣는다는 말은 "듣는 놈은 누구인가"라고 물으라는 뜻입니다. 그렇게 되면 '이뭣고(시심마 是甚麼)' 화두와 가까워집니다. 관세음보살 염불이 선의 입장에서 재조직되는 모습을 『수심결』의 사례에서 확인할 수 있게 됩니다.

앞에서 우리는 관세음보살 염불을 자력으로 보느냐 아니면 타력으로 보느냐 하는 문제를 살펴보았습니다만, 이 경지에 이르면 철저한 자력입니다. 타력에서 말하는 관세음보살에 대한 의지나 신심은 전혀 보이지 않습니다. 관세음보살이라 소리 내어서 염한다고 하더라도, 다시 그 듣는 놈을 문제 삼을 때 '관세음보살'은 소거됩니다. 관세음보살이라는 대상을 빼앗아 버리고, 그 관세음보살 소리를 들었던 놈만을 남겨두게 되는 것입니다. 이는 임제臨濟(?~867) 선사가 말하는 사료간四料簡 중에서 '탈경불탈인奪境不奪人(대상은 부정하고 주체는 남겨두는 것)'의 수행법과 유사한 것으로 판단됩니다. 중생만이 남아 있으니까 중생주의입니다.

그러면 그 반대의 경우도 생각해 보지요. '탈인불탈경奪人不奪境(주체는 부정하고 그 대상만 남겨두는 것)'의 수행법은 중생은 소거하고 관세음보살만 남겨두는 것입니다. 이는 타력이자, 관세음주의입니다.

『능엄경』에서 말하는 관음수행

관세음보살을 말하는 문헌들

이제 중간정리 삼아서 관세음보살을 말하는 불교 문헌들을 한번 챙겨보겠습니다. 우선 우리에게 가장 익숙한 『천수경』과 『관음경』이 있습니다. 그리고 대중적으로 널리 알려지지는 않았으나, 관음신앙의 역사에서 중요한 경전이 『화엄경』「입법계품」의 관음지식장觀音知識章(선재동자가 관세음보살을 만나는 부분)과 『능엄경』의 이근원통장耳根圓通章입니다. 앞서 살펴본 바 있는 『반야심경』은 우리가 미처 관음신앙의 경전으로 인식하지 못한 경우라 할 수 있고, 『무량수경』과 『관무량수경』에서의 관세음보살은 아미타불에 가려진 경우라고 보아야 할 것 같습니다. 「백화도량발원문」이나 『수심결』과 같은 저술들은, 비록 스님들의 글이기는 하지만 관세음보살 신앙을 이해함에 있어서 매우 중요한 위상을 차지한다고 보아야 할 것입니다.

이러한 문헌들 중에서 「백화도량발원문」, 『반야심경』, 그리고 『수심결』에 대해서는 살펴본 바 있습니다. 이들 문헌은 모두 중생주의의 관점을 취하고 있습니다. 중생주의를 말하는 이 장에서는 앞으로 『화엄경』「입법계품」의 관음지식장에 나타난 관세음보살에 대해서도 살펴보려고 합니다만, 그에 앞서 『능엄경』에서 말하는 관음수행을 살펴보고자 합니다. 『능엄경』은 앞서 살펴본 『수심결』에서 말하는 '관음입리觀音入理'라는 수행법을 말하는 원전 문헌이기 때문입니다. 그래서 좀 더 천착할 필요가 있습니다.

관세음보살을 말하는 다양한 불교 문헌이 있습니다만, 이들을 일별할 때 초점을 두어야 할 것은, 하나의 문헌이 다른 문헌들과는 어떤 관계에 놓여있는가 하는 점입니다. 다른 문헌이지만 하나의 공통된 사상을 말하고 있다면, 서로 어느 정도의 영향 관계에 있는지 살펴보아야 합니다. 이때 중요한 것은 공통된 부분보다 서로 차이가 나는 부분입니다. 먼저 성립된 문헌과 뒤에 성립된 문헌이 있을 때, 뒤에 성립된 문헌은 앞서 성립된 문헌으로부터 어떤 점에서 차별화되는가 하는 점이 중요합니다. 그 차이가 나는 부분을 '새로움'이라 부릅니다. 만약 뒤에 오는 문헌에 어떤 '새로움'도 없다면, 그 문헌은 살아남을 수 없(었)을 것입니다. 이러한 관점을 갖고서 『능엄경』에서 말하는 관세음보살에 대해서 살펴보기로 합니다.

『능엄경』의 관세음보살

『능엄경』은 우리나라 불교에서는 유명한 경전입니다. 지금도 많이 읽히고 있으며, 강의나 관련 서적도 많습니다. 조선시대부터 스님들의 교육기관인 강원講院의 교과목에 편성되어 있었는데, 『능엄경』이라는 경전이 선수행의 이론서 역할을 담당했기 때문입니다.

정식 이름은 『대불정여래밀인수증요의제보살만행수능엄경大佛頂如來密因修證了義諸菩薩萬行首楞嚴經』입니다. 줄여서 『능엄경』, 또는 『수능엄경』이라 부릅니다. 인도에서 찬술된 경전이 아니라 중국에서 만들어진 경전으로 추정됩니다. 인도에서 찬술되지 않은 경전을 위경僞經 혹은 의경疑經이라 하는데, 『능엄경』 역시 그렇습니다. 하지만 위경이나 의경이라고 해서 조건반사적으로 가치를 낮추어 볼 것은 아닙니다. 그 안에 부처님의 마음이 어떻게 담겨 있는가 하는 점이 중요하기 때문입니다.

『능엄경』은 모두 10권 분량입니다. 그중 제6권에는 식육食肉을 금지하는 내용 등도 있지만, 대부분은 관세음보살에 대한 이야기입니다.

이 글을 쓰기 위하여 다시 한 번 정독해 보았습니다만, 역시 『능엄경』은 『관음경』과 깊은 관련이 있음을 확인할 수 있었습니다. 『관음경』에 대해서는 2부(제6장에서 제8장까지)에서 본격적으로 깊이 살펴보고자 합니다만, 간략히 말하면 그 안에 등장하는 칠난(일곱 가지 고난), 삼독(세 가지 독), 그리고 이구(두 가지 구하는 일) 등이 그대로 『능엄경』에서도 나오고 있습니다.

『관음경』에서는 중생 제도를 위하여 관세음보살이 서른세 가지 모습으로 화현한다고 하였습니다. 그리고 그러한 화현은 『능엄경』에서도 그대로 등장하고 있습니다. 다만, 두 경전 사이에 화현하는 방식이나 종류가 완전히 똑같다고 할 수는 없습니다. 그러나 차이가 있다고 하더라도 그러한 점은 중요하지 않을 것입니다. 어차피 화현은 상대가 되는 중생을 제도함에 있어서 편리한 방식을 취하는 것이기 때문입니다.

그런데 앞서 말씀드린 것처럼, 이러한 공통점만이 확인된다면 군이 『능엄경』에서 관세음보살을 다시 말할 이유는 없겠지요. 양 경전 사이에 차이점이 있기 때문에 『능엄경』에서 관세음보살을 다시 이야기하였을 것입니다. 그 차이점이 바로 관음수행에 대한 부분입니다.

관음수행은 앞서 『수심결』에서 말하는 관음입리에 해당하는 내용입니다. 소리를 관찰하여 진리의 세계에 들어간다는 말입니다. 보조 스님이 『수심결』에서 예로 든 소리는 '까마귀 우는 소리와 까치 지저귀는 소리'였습니다. 하지만, 여기 『능엄경』에서는 바로 그러한 소리를 관찰하는 것을 다시 관찰할 것을 권유하고 있습니다. 다음은 부처님께 사뢰는 관세음보살의 서원입니다.

제가 스스로 [외부 대상의] 소리를 [따라가면서] 관찰하지 않고, [그 소리를] 관찰하는 것을 [다시] 관찰함으로써 저 시방 十方세계의 고뇌하는 [모든] 중생들로 하여금 그 음성을 관찰하여 곧바로 해탈을 얻게 하겠습니다.

중생들에게 제시되는 해탈 방법은 소리를 관찰하는 것입니다.

그런데, 그 소리를 관찰하는 것이 『관음경』의 그것과는 다릅니다. 『관음경』에서는 고뇌하는 모든 중생들이 부르는 '관세음보살'이라는 소리를 관세음보살께서 관찰하신다는 것입니다. 그리하여 곧바로 해탈케 하겠다는 이야기였습니다. 구제자 관세음보살의 입장이 분명하게 드러나 있습니다.

하지만 지금 제가 인용한 『능엄경』에서는 '그 음성을 관찰한다'고 할 때 관찰의 주체는 중생들이고, 관찰의 대상이 되는 것은 외부 대상에서 나오는 소리가 아니라 그러한 소리를 듣는 것을 관찰하는 것입니다. 이는 소리를 듣는 '자성自性을 되돌려서 비추어 보는' 반조자성反照自性이며, 그 소리를 듣는 '자성을 되돌려서 듣는' 반문자성反聞自性입니다. 이로써 우리는 『수심결』의 관음입리라는 수행법 역시 『능엄경』에서 기원하고 있음을 알 수 있습니다.

즉 『능엄경』의 관세음보살 신앙은 『관음경』에서 이야기하는 '구제자 관세음보살'의 정체성을 그대로 이어받아서 말씀합니다. 그러나 거기에 머물지 않고, 전체적으로 볼 때 『능엄경』은 선가의 경전이라는 그 성격에 걸맞게 관세음보살의 이름을 부르는 일 역시 선적인 맥락으로 끌고 들어갑니다. 그것이 바로 소리를 듣는다는 이근耳根, 혹은 이문耳門의 작용을 수행의 계기로 만들어 가는 것이지요. 그럼으로써 소리라는 대상을 소거한 채, 소리를 듣는 주체가 누구인지를 묻게 됩니다.

이는 『관음경』과 『능엄경』이 다른 측면입니다. 뒤의 제5장에서 자세히 말씀드릴 생각입니다만, 범본 『관음경』에 따르면『무량수경』과도 연계되는 부분이 있음을 알 수 있습니다. 그러나『능엄경』에서는『무량수경』과의 관계는 전혀 나오지 않습니다. 그도 그럴 수밖에 없는 것이, 철저히 시방의 고뇌하는 중생들이 '그 음성을 관찰하는' 주체로서 행동하도록 요구하고 있기에 그렇습니다. 즉 제가 말하는 '중생주의'의 입장에 철저히 입각하여, 관세음보살이라는 소리를 귀로 듣고서 마침내는 그 소리를 듣는 자가 누구인지를 다시 들음으로써(=비추어 봄으로써) 스스로 선의 경지로 들어가야 함을 말하고 있기 때문입니다.

그것은 곧 해탈의 경지일 것입니다. 그 해탈을 일컬어서『능엄경』은 원통圓通이라 하였습니다. 그 원통은 어디서부터 시작되는 원통인가 하면, 듣는다는 행위로부터 이루어집니다. 그래서 '이근원통'이라고도 하고, '이문원통'이라고도 합니다. 이근이나 이문은 다 '귀'라는 말입니다. 우리가 절에 가서 보면, 관세음보살을 주불로 모시는 법당은 '원통전圓通殿'이라고 함을 볼 수 있습니다.『능엄경』에 근거한 명명입니다.

『화엄경』의 관음신앙과 중생주의

소년 선재와 관세음보살

『화엄경』은 『법화경』과 함께 대표적인 대승 경전입니다. 『법화경』「관세음보살보문품」에서 관세음보살을 말하고 있는 것과 마찬가지로, 『화엄경』 역시 관세음보살을 말하고 있습니다.

먼저 『화엄경』의 사상을 간략히 정리해 보겠습니다. 『화엄경』은 방대한 경전입니다. 세 번에 걸쳐서 60권, 80권, 그리고 40권으로 번역된 경전입니다. 현재 우리나라에서 주로 읽히는 것은 80권 본입니다.

『화엄경』이 방대하지만, 사실 따지고 보면 『화엄경』에서 말하는 내용은 두 가지밖에 없다고 봅니다. 첫째는 '중생이 곧 부처', 둘째는 '끝없이 중생을 이롭게 하라'는 이야기입니다. 첫째 이야기는 '성기性起'라는 용어로 표현합니다. 중생이 사실은 중생이 아니라 불성이 드러나 있는 존재라고 보는 관점입니다. 둘째 이야기는 '보살행菩薩行'이라 말할 수 있습니다. 『법화경』을 비롯해서, 다른 모든 대승 경전에 다 등장하는 공통의 가르침이 바로 보살행입니다. 보살의 길을 가라는 것입니다. 『화엄경』에서는 보살행의 대표적 모델로서 보현普賢보살을 제시합니다. 그런 까닭에 『화엄경』에서 말하는 보살행을 보현행普賢行이라고도 말합니다.

『화엄경』 중에서도 보현도普賢道가 가장 극명하게 나타나는 부분은 「입법계품」입니다. '입법계入法界'라는 말은 법계, 즉 진리의 세계에 들어간다는 뜻입니다. 「입법계품」은 범본도 남아 있습니다. 그만큼 많이 이야기되었음을 의미합니다. 많이 읽히는 책은 잊지 않고 전해져 오기 때문입니다. 다 아시다시피, 「입법계품」은 선재라는 이름의 소년이 주인공입니다. 소년 선재가 53명의 선지식을 찾아다니면서 가르침을 구하고, 진정한 스승과 제자의 모습이 아름답게 펼쳐지는 이야기가 바로 「입법계품」의 내용입니다. 소년 선재가 제기하는 질문은 늘 똑같습니다. 쉽게 말씀드리면 이런 것입니다.

이제 제 인생을 새롭게 한번 살아보려고 합니다. 중생의 삶은 버리고, 보살로서 새롭게 태어나서 새로운 삶을 살아보려고 합니다. 어떻게 하는 것이 보살로서 새로운 삶을 사는 것입니까? 그렇게 하려면 도대체 제가 공부하고 실천해야 하는 것은 무엇입니까?

이런 공통 질문을 53명의 선지식에게 각각 제기합니다. 스물여덟 번째의 스승 관세음보살에게 와서도 마찬가지입니다. 이미 소년 선재가 찾아뵌 선지식이 모두 스승이라고 말씀드렸습니다만, 정말로 그렇습니다. 왜 그럴까요? 묻는 자는 제자이고, 답하는 분은 스승이기 때문입니다.

소년 선재에게 스승이 53명이나 필요했던 것은 바로 그 스승들이 조금씩 조금씩 서로를 보완해 가야 했기 때문입니다. 설사 한 스승의 답이 흡족하지 않을지라도, 대답을 듣는 것이 낫습니다. 새로운 출발의 기점이 될지도 모릅니다. 또 부족한 측면은 그 다음의 스승이 채워줄 것이기 때문입니다.

소년 선재에게 제시한 관세음보살의 대답은 어떤 것이었을까요? 제가 쉽게 풀어서 말씀드려 보겠습니다.

자네는 이미 많은 선지식들로부터 가르침을 받아왔네. 사실 내가 자네에게 해 줄 이야기라고는 별로 없네. 나는 평생 자비를 실천하는 일에 관심이 있거든. 그 외에는 내가 아는 것이 없어. 다른 것은 정취正趣보살에게 가서 여쭈어 보게나.

이것이 그 전부입니다. 관세음보살이 소년 선재에게 제시한 가르침을 『화엄경』에서는 '대비법문광명지행大悲法門光明之行'이라 말하고 있습니다. 큰 자비를 실천하여 중생들에게 빛을 비추어 주라는 것입니다. 이것이야말로 관세음보살의 주특기이자 전공입니다. 관세음보살 스스로도 계속 행하고 계십니다.

여기서 우리가 알 수 있는 것은, 『화엄경』의 관세음보살 역시 중생을 구제해 주시는 구제자라는 점입니다. 그 점은 『관음경』에서 말하는 관세음보살과 다르지 않습니다. 뒤의 2부에서 자세히 살피고자 합니다만, 『관음경』의 관세음보살이 관세음주의의 입장에 서 있는 것과 마찬가지로 『화엄경』 「입법계품」의 관세음보살 역시 선재동자 앞에서 구세주로 서 있습니다. 관세음주의의 입장입니다.

중생주의와 관세음주의의 분기점

그렇다면 선재동자가 관세음보살을 돕는 일을 할 때, 즉 중생을 도울 때 그 행위를 중생주의로 보아야 할까요? 아니면 관세음주의로 보아야 할까요? 우리의 자리는 관세음보살의 자리가 아니라 선재동자의 자리입니다. 관세음보살은 구제자의 입장에서 선재동자에게 가르침을 주십니다. 그러니까 선재동자의 입장에서 보았을 때 관세음보살은 가르침을 주신 분, 즉 스승입니다. 선재동자는 가르침을 받았으니까 제자입니다.

　제자는 스승의 가르침을 따르고 실천해야 할 존재입니다. 그렇지 않다면, 스승을 스승으로 모신다 할 수 없겠지요. 선재동자에게, 혹은 선재동자의 자리에 함께하는 우리로서는 스승의 가르침을 실천한다는 것이 무엇이겠습니까? 앞서 말씀드린 대로, 자비를 이 세상에서 실천하는 일입니다. 이를 보살행, 또는 보현행이라고도 합니다.

　이웃을 돕고, 사회 속에서 좋은 일을 하는 것이 다 보살행이고 보현행입니다. 즉 관세음보살의 가르침을 실천하는 것입니다. 이는 동시에 관세음보살을 돕는 일이기도 합니다. 관세음보살을 돕는다는 생각은, 앞에서 살펴본 것처럼 「백화도량발원문」에 나옵니다. 「백화도량발원문」의 저자가 신라에서 화엄종을 세운 의상 스님이든 아니면 다른 누구든, 그 발원문에 화엄사상이 투영되어 있다는 사실만은 틀림이 없습니다. 바로 「입법계품」의 관세음보살 이야기가 담겨 있기 때문입니다.

이웃을 돕는 일, 자비를 실천하는 일이 원래는 관세음보살의 일이고 관심사입니다. 그러므로 우리가 길을 묻는 사람들에게 친절히 길을 가르쳐 드리는 것과 같은 일 역시 관세음보살의 일을 우리가 돕는 것이 됩니다. 그렇다면, 이러한 관세음보살을 돕는 일은 중생주의의 입장에서 해야 할까요? 아니면 관세음주의의 입장에서 해야 할까요?

만약 선을 행하는 일을 중생주의의 입장에서 하게 된다면, 어느덧 우리도 모르는 사이에 어떤 문제점을 낳게 될 것입니다. 중생에게는 중생의 업이 있기 때문입니다. 자기에 대한 집착이나 자기에 대한 관념(이를 『금강경』에서는 '아상'이라 한다고 앞에서도 말씀드렸습니다)을 갖고서 행하는 선을 진정한 선이라 보지 않는 것도 그런 이유에서입니다. 『금강경』은 그러한 자기 집착에서 벗어나서 행하는 보살행을 강조합니다.

『금강경』에서 하는 말은 이런 것입니다. 다른 사람에게 무엇인가 베푸는 것, 나누어 갖는 것을 '보시布施'라고 합니다. 보시는 좋은 일입니다. 하지만, 진짜 좋은 보시는 형식적인 측면에서만 평가될 수 있는 것은 아닙니다. 보시하는 사람 내면에 '지금 나는 이러저러한 물건을, 혹은 이만큼의 돈을 이러한 사람에게 주었다'라는 생각이 없이 베풀어야 합니다. 만약 그런 생각이 있다면 진정한 보살행이 아니라는 것입니다. 그런 생각, 즉 베풀었다는 생각을 『금강경』에서는 '상'이라고 합니다. 『금강경』의 가르침은 상에 머물지 말고 하라는 것이지요.

상相은 상想입니다. 그런데 그것이 쉬운 일일까요? 우리가 정말 그런 생각으로부터 놓여날 수 있을까요? 그것은 어렵습니다. 그런 생각이 없어야 보살이라고 한 『금강경』의 말씀은 그러한 일은 보살이라야 가능하다는 이야기이기도 한 것입니다. 범부중생으로서는 어렵고도 어려운 일이 아닐 수 없습니다.

만약 우리가 이웃을 도울 때, 사회에서 좋은 일을 할 때 우리 마음속에 상이 없다면, 어떠한 상에도 머물지 않고서 보시를 할 수 있다면, 그때 이미 우리는 중생이 아니라 보살인 것입니다. 하지만, 범부중생에게 그것은 거의 불가능하다는 점도 인정하지 않을 수 없습니다. 참담하지만 말입니다.

즉 보살이라야 비로소 무주상보시를 할 수 있다는 것이 『금강경』의 메시지이기도 합니다. 그러한 보살행을 지향하면서 노력하는 것은 좋으나, 노력하면 할수록 어쩌면 노력에 더하여 더욱더 상을 더하게 될지도 모릅니다. "도가 높으면 마魔도 성하다"라는 말은 이러한 경우에도 적용 가능할 것입니다.

그래서 『무량수경』에서는, 구체적으로 법장보살이 세운 사십팔원 중 제22원에서 이웃을 돕는 보살행을 할 수 있는 사람은 이미 극락에 왕생하여 다음 생에는 부처를 이룰 수 있는 정도의 역량을 갖춘 보살이지만, 중생 제도를 위하여 중생 세계로 다시 오셔서 보살행을 행한다고 말합니다. 이 말씀은 우리가 극락 가기 전에 현세에서 선행을 하지 말라는 이야기는 아닐 것입니다. 친절하게 길도 가르쳐 주고, 어려운 이웃들에게 나누기도 해야 합니다. 다만, 그것을 인간의 도리로서 할 뿐, 그것 자체로 공덕이 된다거나 수행이 된다거나 생각하지는 말라는 것입니다. 하물며 그러한 선행의 대가로 극락에 왕생할 수 있다고도 생각하지 말라는 메시지입니다.

왜냐하면 『금강경』에서 말씀하는 것처럼, 보살이 아닌 범부들의 선행에는 상이 잠재되어 있기 때문입니다. 당장에는 몰라도, 언젠가 어떤 상황에서는 그것이 드러나게 됩니다.

이제 결론을 말씀드리겠습니다. 관세음보살을 돕는 일, 즉 자비를 실천하는 일은 그 자체만으로는 중생주의인가 관세음주의인가를 결정하기 어렵습니다. 양쪽 다 가능합니다. 다만, 우리 중생들은 『금강경』에서 말하는 것처럼 무주상無住相(상에 머물지 않고서 하는 것)의 선행은 어렵고 어딘가에 집착하고 있는 선행밖에는 할 수 없다는 것입니다. 그렇다면, 그것을 과연 선이라 할 수 있을까요? 『금강경』은 '아니다'라고 말한 것입니다.

그래서 『무량수경』에서는 극락에 와서 성불한 뒤에 다시 중생들의 세계로 돌아가서 중생을 제도하라고 말합니다. 그때 비로소 어떤 상에도 머물지 않고서 행하는 자비를 실천할 수 있을 것입니다.

중생주의의 극복

『관세음보살』을 집필한 것이 2010년입니다. 그로부터 지금 2024년까지 약 14년의 세월이 지나서 새롭게 만드는 이 책은 어떤 점을 수정하였을까요? 이미 '머리말'에서 간략히 정리한 바 있지만, 가장 큰 것은 역시 중생주의의 극복입니다. 『관세음보살』에서는 우리 중생들에게 관세음보살이 어떤 존재로 받아들여지며, 관세음보살과 중생이 어떤 관계에 있는지에 초점을 두었습니다.

그때는 관세음주의라는 말을 생각해 낼 수 없었습니다. 그것은 저 역시 수십 년 동안 불교 공부를 하고 불교를 신앙하면서도 어디까지나 그 주체, 내지 중점을 '나' 자신에게 두었기 때문일 것입니다. 그런 까닭에 중생주의의 입장에서 관세음보살을 생각하고 있었던 것입니다.

예를 들면, 『관세음보살』에서는 '이름을 불러봐'라는 소제목의 글에서 다음과 같이 말한 바 있습니다.

[관세음보살이] 늘 온 누리 법계法界의 어디선가 존재한다 하더라도, 내가 '관세음보살'이라 이름하여 찾지 않는다

면 관세음보살은 나와는 전혀 무관하게 되는 것입니다. 내가 이름을 부를 때, 비로소 관세음보살은 나와 관련을 맺게 됩니다. 바로 그 순간 관세음보살은 처음으로 탄생하는 것이라 말할 수 있습니다.

마찬가지 맥락에서 내가 '관세음보살'이라 그 이름을 부르지 않고, 내 마음속에 관세음보살이 언제나 머물 수 있는 자리를 마련해 드리지 않는다면, 관세음보살은 존재하지 않게 될 것입니다. 나를 도와주시고, 나를 구제해 주시는 자비의 실천 역시 멈추게 됩니다. 관세음보살은 우리 중생을 구제해 주시는 분이지만, 동시에 관세음보살의 존재와 그 역할을 가능하게 하는 것 역시 바로 우리 중생입니다.

이러한 입장을 저는 지금 '중생주의'라 규정하고 있는 것입니다. 중생들이 곧 관세음보살을 존재케 하는 능동적 주체이기 때문입니다. 이렇게 보는 까닭은 기본적으로 『관음경』에서 말하듯이, '한마음으로 그 이름을 부르는(일심칭명一心稱名)' 것에 강조점을 두어서입니다.

전작 『관세음보살』에서는 이렇게 중생의 행위를 강조하는 맥락에서 김춘수金春洙(1922~2004) 시인의 시 「꽃」 중 1·2연을 인용한 바 있습니다. '이름을 불러주자 내게 와 꽃이 된 그'를 노래하는 시를 다들 알고 계시지요. 저는 관음신앙의 맥락에서 이 시의 입장을 재해석했었습니다.

불보살과 중생의 관계 역시 마찬가지입니다. 내가 그의 이름을 불러 주지 않는다면, 아무리 자비로운 불보살이라 하더라도 나에게로 와서 꽃이 되지는 않을 것입니다. 누구든 꽃으로 모실 수 있느냐 없느냐 하는 것은 우리가 그의 이름을 불러 줄 수 있느냐 없느냐에 달려 있습니다.

물론, 이러한 중생주의의 입장은 이미 살펴본 것처럼 불교 전통 안에 오랫동안 자리하고 있는 것입니다. 하지만 저는 이제 '중생주의의 관음신앙'에서 '관세음주의의 관음신앙'으로 입장을 바꿉니다. 저 개인적으로는 관음신앙에 대한 이해의 심화深化이자 또 하나의 '신앙혁명'이라 생각하고 있습니다.

더욱이 관음신앙의 가장 기본적인 경전 중 하나인『관음경』을 이제 그러한 관세음주의의 입장에서 다시 살펴야 할 필요성을 느꼈기 때문이기도 합니다. 이에는 여전히 정토신앙의 영향이 없지는 않습니다. 다만 그 '영향'이라는 것은 개인적으로 저 자신이 받은 영향일 뿐만 아니라 정토신앙의 경전인『무량수경』으로부터『관음경』이 받은 영향이기도 합니다. 그러한 점은 바로 이어지는 제5장에서 자세히 살펴보고자 합니다.

아미타불과
관세음보살

『무량수경』에 비춰본 『관음경』

『관음경』, 관음의 발원문으로 다시 읽다

『관세음보살』에서 그냥 '칠난, 삼독, 이구'로 열거만 했던 부분을 이제 이 책에서는 모두 '관세음보살의 발원문'으로 보고자 합니다. 이렇게 볼 수 있게 된 배경에 『무량수경』이 놓여 있습니다.

『무량수경』은 『관음경』보다는 훨씬 긴 장편의 경전으로, 총 두 권으로 이루어져 있습니다. 그중 많은 부분을 차지하는 것이 아미타불의 전신前身인 법장비구(내지 법장보살) 이야기입니다. 법장비구가 어떻게 하여 성불하게 되는지, 또 어떻게 중생들을 제도하게 되는지를 서술하는 내용입니다. '아미타불의 전생 이야기'라고 할 수도 있습니다.

그중에서도 핵심이 되는 것이 사십팔원입니다. 이를 정토불교에서는 '본원本願'이라 부릅니다. 『무량수경』에는 그 마흔여덟 가지의 본원이 제시되는데, 여기서는 제1원을 우리말로 옮겨봅니다.

가령 제가 부처가 된다고 하더라도, [저의] 나라에 지옥·아귀·축생이 있다고 한다면, 깨달음을 얻지 않겠습니다.

형식에서 내용에 이르기까지 완벽하게 발원문이라는 점이 드러나 있습니다. 그런데 『관음경』의 경우에는 형식적으로 본다면, 관세음보살의 발원을 담고 있는 것으로 파악하기 어렵게 되어 있습니다. 『무량수경』과 비교할 때 결정적인 차이가 있기 때문입니다.

『무량수경』에서는 직접 법장비구가 주인공으로 등장하여 스스로 발언합니다. 자신의 서원을 자신의 언어로 표백表白하는 것입니다. 그렇지만, 『관음경』에서는 관세음보살이 직접 등장하지 않습니다. 자기 언어로 자신의 의지를 나타내고 있지 않은 것입니다. 관세음보살은 화자가 아니라 주제主題입니다. 무진의보살의 질문에 부처님께서 대답하는 형식 속에서, 또 그 대화의 주제 속에서 '관세음보살'이 존재할 뿐입니다.

이러한 형식의 차이로 인해서 『관음경』에 관세음보살의 발원문이 나타나 있다고 인식하기 어렵게 된 것으로 봅니다. 그렇지만, 분명히 관세음보살의 발원이 드러나 있습니다. 다음과 같은 부분입니다.

선남자여, 만약 무량백천만억無量百千萬億의 중생이 여러 가지 고뇌를 받고 있을 때 이 관세음보살[의 이름]을 듣고서는 일심一心으로 이름을 부른다면, 관세음보살은 즉시 그 음성을 관찰하시고 모두 벗어나게(解脫) 하실 것이다.

부처님께서 3인칭 관찰자 시점에서 관세음보살이 어떤 서원을 갖고 있는지를 이와 같이 서술하신 것입니다.

저는 『무량수경』에서 법장비구의 서원을 만나 그 서원에 차차 깊이 감읍感泣해 가면서, 어느 때부터인가 『관음경』의 이 말씀 역시 그 이면에는 1인칭 시점의 고백이 있는 것이 아닐까 생각해 보게 되었습니다. 『무량수경』의 발원체發願體, 즉 발원문의 문체에 맞게 한번 고쳐 보겠습니다.

[가령 제가 관세음보살이 된다고 하더라도,] 만약 무량백천만억의 중생이 여러 가지 고뇌를 받고 있을 때 저의 '관세음보살'[이라는 이름]을 듣고서는 일심으로 이름을 부른다면, 저는 즉시 그 음성을 관찰하고 모두 벗어나게(解脫) 할 것입니다. [그렇지 못하다면, 저는 관세음보살이 되지 않겠습니다.]

서로 형식의 차이, 즉 시점의 차이는 있을지라도 완벽하게 동일한 발원의 말씀입니다. 그렇게 '진실한 발원의 말씀(성원어誠願語)'은 칠난, 삼독, 이구에도 적용됩니다. 제일 먼저 나오는 칠난 중에서도 첫 번째 어려움을 말하는 부분을 발원문으로 고쳐 보겠습니다. 먼저 부처님의 입장, 즉 3인칭 관찰자 시점을 그대로 옮겨 봅니다.

이 관세음보살의 이름을 지닌다면 가령 큰불에 휩싸이게 되더라도 불이 능히 태울 수 없게 될 것이니, 이 보살의 위신력威神力 덕분이다. 가령 홍수에 떠내려가더라도, 그 이름을 부르면 곧 수심이 낮은 곳에 이르게 되리라. 백천만억의 중생이 금·은·유리·자개·마노·산호·호박·진주 등의 보배를 구하여 큰 바다에 들어갔는데, 가령 검은 바람이 그 배에 불어서 나찰羅刹 귀신의 나라에 표류하게 되었다 하자. [그럴 때] 그 가운데 한 사람이라도 관세음보살의 이름을 부른다면, 이러한 사람들이 모두 나찰 귀신의 나라에 표류한 고난으로부터 벗어나게 되리라. 이러한 인연으로 관세음보살이라 이름하는 것이다.

밑줄 친 부분이 관세음보살의 발원입니다. 그 앞뒤로 문장이 하나씩 더 있습니다만, 그것들은 모두 제삼인칭 관찰자 시점에서 하는 말이기 때문에 필요했던 것입니다. 일인칭 시점으로 바꾼다면, 그 문장들은 필요 없게 됩니다. 역시 『무량수경』의 법장비구의 서원을 참조하면서 고쳐 보겠습니다.

[가령 제가 관세음보살이 된다고 하더라도,] 예컨대 홍수에 떠내려가는 중생이 '관세음보살'이라고 저의 이름을 부른다면, 곧 수심水深이 낮은 곳에 이르게 될 것입니다. [또 예컨대] 백천만억의 중생이 금·은·유리·자개·마노·산호·호박·진주 등의 보배를 구하여 큰 바다에 들어갔는데, 가령 검은 바람이 그 배에 불어서 나찰羅刹 귀신의 나라에 표류하게 되었다 합시다. [그럴 때] 그 가운데 한 사람이라도 관

세음보살의 이름을 부른다면, 그 사람들은 모두 나찰 귀신의 나라에 표류하는 고난으로부터 벗어나게 될 것입니다. [그렇지 못하다면, 저는 관세음보살이 되지 않겠습니다.]

이제 표면적으로는 발원이 아닌 것처럼 되어 있으나, 그 이면에서 본다면 관세음보살의 발원문이라는 사실을 알 수 있을 것입니다. 『무량수경』의 마흔여덟 가지 서원은 '본원'이라고도 하지만, '홍서弘誓'라고도 말합니다. 그런데 이 '홍서'라는 표현은 『관음경』에도 등장합니다. 중송의 제3송에서 그렇게 말합니다.

홍서심여해弘誓深如海
역겁부사의歷劫不思議
[관세음의] 큰 서원이 바다와 같이 깊으니
한량없는 세월이 흘러도 다 헤아릴 수 없어라.

이렇게 『무량수경』의 아미타불 신앙이나 『관음경』의 관세음보살 신앙이나 공히 '서원의 불교'라는 점에서 일맥상통一脈相通합니다. 정토신앙도 관음신앙도 가없는 중생을 다 제도하려는 부처님의 자비가 구현된 신앙이고 불교이기 때문입니다.

문명과 칭명 사이

『관음경』은 시작하자마자 가장 중요한 메시지를 제시하고 있습니다. 바로 '『관음경』의 대강' 부분입니다. 대강은 대강령大綱領의 줄임말인데, 다른 말로 하면 종요宗要라고 해도 좋을 것 같습니다. '종'은 클라이맥스climax이자 정점을 가리키고, '요'는 중요사항을 의미합니다. 그러니까 『관음경』 중에서 가장 높은 가르침이자, 가장 의미 깊은 중요사항이 바로 '『관음경』의 대강' 부분입니다. 앞서 인용한 바 있습니다만, 다시 한 번 더 읽어봅니다. 또 필요해서입니다.

> 선남자여, 만약 무량백천만억의 중생이 여러 가지 고뇌를 받고 있을 때 이 관세음보살[의 이름]을 듣고서는 일심으로 이름을 부른다면, 관세음보살은 즉시 그 음성을 관찰하시고 모두 벗어나게(解脫) 하실 것이다.

그런데 저는 이 말씀을 읽으면서, 『무량수경』의 제18원이 생각났습니다. 둘 다 그 경전 안에서 차지하는 위상은 '대강' 내지 '종요'라고 할 수 있을 정도로 중요하기 때문입니다.

제18원은 법장비구의 마흔여덟 가지 원들 중에서 가장 중시되는 원입니다. 본원 중의 본원이라 해서 '왕본원王本願'이라 말해지며, 원 중의 왕이라 해서 '원왕願王'이라 말해집니다. 모든 중생들에게 극락왕생의 길을 제시하고 있기 때문입니다. 이제 그 제18원을 소개합니다.

가령 제가 부처가 된다 하더라도, 시방세계의 중생들이 [저의 이름을 듣고 나서는] 지심至心으로 신요信樂하고 저의 나라에 태어나고자 하여, 예컨대 열 번 [저의 이름을] 염하여서도 만약 태어나지 못한다고 한다면, 위없이 높고 올바른 깨달음을 깨닫지 않겠습니다. 다만 무간지옥에 떨어질 다섯 가지 죄(五逆罪)와 정법을 비방하는 [죄를 범한 경우에는] 제외합니다.

이제 '『관음경』의 대강' 부분과 『무량수경』의 제18원을 한번 비교해 보겠습니다. 차이 나는 부분은 일단 제외하고 비슷한 부분만 대조해 봅니다. 표로 정리해 보면 다음과 같습니다.

	『관음경』	『무량수경』
발원	고뇌로부터의 해탈	극락에 태어남
수행법	문명한 뒤, 일심 칭명	(문명한 뒤), 지심신요하고 칭명
결과	즉시 해탈	극락왕생

내용적으로 본다면, 『관음경』은 현세의 고뇌나 고통에서 벗어나기를 발원하고 있으며 『무량수경』에서는 내세에 극락에 왕생하는 것을 발원하고 있다는 점에서 차이가 있습니다. 그러한 차이는 위 도표에서는 발원과 수행법에 잘 나타나 있습니다만, 특별히 부연설명을 드릴 것도 없을 것입니다. 그러나 수행법에 대해서는 몇 가지 언급할 것이 있습니다.

우선 『관음경』의 경우, 구마라집 번역의 한문본에서는

"문시관세음보살聞是觀世音菩薩, 일심칭명一心稱名"이라 하였습니다. 즉 '이 관세음보살(의 이름)을 듣고서 일심으로 이름을 부른다면'이라는 뜻입니다. 바로 이 시점에서 우리는 범본으로부터 이 『관음경』의 대강을 직접 번역해 볼 필요성을 느끼지 않을 수 없습니다. 번역해 보면 다음과 같습니다.

> 선남자여, 만약 백천만억의 중생들이 고통들에 휩싸여 있을 때, 만약 그들이 관세음보살마하살의 이름을 듣게 될 것인데, 그로 인하여 관세음보살은 [관]자재의 힘에 의해서 보시고서 그 모두를 고통들로부터 해탈케 할 것이다.

한역에서는 '일심칭명'에 의해 관세음보살이 즉시에 그 음성을 보시고서 해탈케 하신다고 하였으나, 범본에는 '일심칭명'에 해당하는 말이 없습니다. 그저 관세음보살의 이름을 듣기만 하더라도, 관세음보살이 구제에 나선다고 되어 있을 뿐입니다. 일심으로 정성을 다하여 관세음보살의 이름을 부르는 것은 중생이 해야 할 노력입니다. 부르는 일의 행위 주체는 어디까지나 중생입니다. 한역은 중생주의의 입장이라고 할 수 있습니다.

그런데 범본에 따르면, 그러한 중생들의 노력이 없더라도 단지 관세음보살의 이름을 듣기만 하는 것으로도 충분히 관세음보살께서 구제해 주신다는 것입니다. 관세음보살이 주어가 되고 행위 주체가 된다는 점을 좀 더 강조하고 있습니다.

저는 이러한 입장을 관세음주의라고 불렀습니다.

　즉 우리가 현재 읽고 있는 한역 『관음경』에 나타난 것보다 원래 범본의 『관음경』에서는 좀 더 '관세음주의적 성격'이 강하게 나타나 있었던 것입니다. 일심칭명이라 일컬으면서 구제받아야 할 대상이 행위의 주체가 되어서 노력하는 것을 '중생주의'라고 한다면, 한역은 범본보다는 좀 더 '중생주의적 성격'이 강하다는 점을 알 수 있습니다.

문명 → 신요 → 칭명

문제는 한역의 역자 구마라집은 어째서 '일심칭명'이라는 말을 집어넣었을까 하는 것입니다. 그렇게 함으로써 한역에서는 범본의 '관세음주의적 성격'을 좀 더 약화시키고, '중생주의적 성격'을 보다 강화시켰습니다. 이에 대해 현재로서는 명확한 답을 알 수 없습니다.

　다만, 여기서 함께 살펴볼 것은 구마라집이 번역한 『아미타경』입니다. 『아미타경』에서는 "문설아미타불聞說阿彌陀佛하여 집지명호執持名號하고 … 일심불란一心不亂" 하기를 요구하였습니다. 번역해 보면, '아미타불(의 이름)을 말하는 것을 듣고서는 명호를 굳게 지니고 … 일심으로 산란하지 않겠다'라는 의미입니다. 만약 구마라집이 『아미타경』을 『관음경』보다 먼저 번역하였거나, 혹은 늦게 번역하였더라도 이미 범본 『아미타경』을 읽은 적이 있어서 '집지명호 일심불란'이라는 말이 있음을 알고 있었다고 가정하면,『관음경』의 번역에『아미타경』의 영향이 반영되었을 수도 있을 것입니다.

　범본『아미타경』에는 "아미타불의 이름을 듣게 될 것이고, 또한 듣고 나서 작의作意하게 될 것이다. ⋯ 혹은 산란되지 않는 마음으로 작의하게 될 것이다."라는 말이 분명 있기 때문입니다(현재 범본『아미타경』은『범본·한역본·티베트어본 아미타경』* 을 참조할 수 있습니다). 제가 '작의(manasikariṣyati)'라고 번역하였습니다만, '작의'에 들어있는 '의意'는 범어로는 '마나스manas'입니다. '심心'으로도 번역할 수 있습니다. 그래서 구마라집은 '산란되지 않는 마음(avikṣiptacitta)'을 '일심'으로 옮겼던 것입니다.

　다음으로『무량수경』을 고려하면서『관음경』을 살펴보겠습니다. 두 가지 점을 말씀드리고자 합니다.

　첫째는 현재 우리가 읽고 있는 5세기 승려 강승개康僧鎧 (Saṃghavarman)의 한역『무량수경』에는 "아미타불의 이름을 듣고 나서"라는 구절이 없다는 것입니다.『관음경』에 "이러한 관세음보살(의 이름을) 듣고서"라는 표현이 있는 것과 대조적입니다. 그럼에도 불구하고, 저는 앞의 표에서『무량수경』의 수행법으로 '(문명한 뒤), 지심신요하고 칭명하는 것'을 제시하였습니다. 괄호 속에 '문명聞名'을 집어넣었던 것입니다. 이는 나름대로 근거가 없지 않습니다. 바로 범본『무량수경』에 그러한 말이 있기 때문입니다. 한역『무량수경』의 제18원은 범본

◆　　최종남 외 옮김, 경서원, 2009.

『무량수경』의 제19원에 자리하고 있는데, 그중에 "나의 이름을 듣고서"라는 구절이 있습니다. 그것을 근거로 하여 '지심신요至心信樂'라는 마음의 상태를 나타내는 구절 앞에, 아미타불의 이름을 듣는다는 행위가 있었음을 괄호 속에서 분명히 했던 것입니다.

이름을 듣는다는 것은 곧 관세음보살이 중생을 부르는 목소리를 듣는 것이고, 아미타불이 중생을 극락으로 초청하는 그 목소리를 듣는 것입니다. 그 목소리를 듣는 사실로부터 우리의 신앙이 출발한다는 점을 생각한다면, 우리는 좀 더 '관세음주의' 또는 '아미타주의'의 입장에 설 수 있을 것입니다. 『관음경』에서 말하는 '도와주소서'의 관음신앙(관음신앙의 제1유형)은 바로 관세음주의에 입각할 때 비로소 관세음보살의 뜻에 부응하는 염불, 내지 신앙이 될 것으로 생각합니다.

둘째로 『무량수경』에서는 (아미타불의 이름을 들은 이후에) 그 자연발생적인 응답으로서 '믿고 좋아하는' 마음이 생긴다고 하였습니다. 그렇게 자연발생적으로 믿고 좋아하는 마음이 일어난다면 "나무아미타불"이라 이름을 칭명하는 것도 어렵지 않을 것입니다. 자연스럽게 이루어질 것입니다. 열 번을 부르든, 한 번을 부르든 쉽게 행할 수 있게 됩니다. 그래서 용수龍樹(Nagarjuna)보살은 '나무아미타불' 염불하는 이 길을 '이행도易行道'라고 하였습니다. 행하기 쉬운 길이라는 말입니다. 마찬가지로 '관세음보살'이라 칭명하는 이 길 역시 이행도인 것은 물론입니다.

『관음경』의 대강에는 한역이든 범본이든 공히『무량수경』의 '지심신요'에 해당하는 말은 없습니다. 하지만 저는『무량수경』을 공부하면서 '나무아미타불' 염불을 할 때,『관음경』생각을 하지 않을 수 없었습니다. (그 점을 좀 더 분명히 하기 위하여 이 책을 쓰게 되었음은 이미 앞서 말씀드린 바 있습니다.)『관음경』의 대강에 '문명'은 나옵니다만, 그 이후에 '일심칭명'이 나오기 전에 '지심신요'가 있다고 생각하면 어떤가 하는 생각이 들었습니다. '문명 → 지심신요 → 일심칭명'으로 전개되는 것입니다.

　사실, 어쩌면 그것은 당연한 일일지도 모릅니다. 관세음보살의 이름을 듣게 되면, 더 나아가서 관세음보살의 발원을 알게 된다면, 모든 고뇌와 고통을 당신의 이름 속에 집어넣어서 당신에게 다시 돌려주기를(혹은 들려주기를) 바라는 것을 알게 된다면, 그렇게 관세음보살의 목소리를 듣고 손짓을 볼 수 있게 된다면, 관세음보살에 대한 믿음은 저절로 생기는 것 아니겠습니까. 그렇기에 이름을 듣고 일심칭명하기 전에 '지극한 마음으로 믿고 좋아한다'는 말이 들어가야 함을 알게 된 것입니다.

　저는『무량수경』을 읽으면서, '나무아미타불'을 공부하면서, 관음신앙을 위와 같이 다시 생각해 보게 되었던 것입니다. 관음신앙 역시 정토신앙과 마찬가지로, 용수보살이 말씀하신 '믿음을 방편으로 하는 이행(신방편이행信方便易行)'입니다. 그 이야기를 간략하나마 말씀드렸습니다.

『천수경』의 관세음보살과 아미타불

지금까지 다양한 측면에서 관세음보살을 말씀드리면서도『천수경』은 별로 언급하지 못한 것 같습니다. 이제 그 때가 왔습니다.

　『천수경』은 절에서, 또 집에서 늘 독송하는 경전이라서 많이 익숙합니다. 저 역시『천수경』을 해설하는 책을 펴낸 일이 있습니다.

관세음보살의 서원

『천수경』이 제시하는 '천수천안관세음보살'에 대한 이야기는 먼저 "나무대비관세음, 원아속지일체법"으로 시작해서 "나무대비관세음, 원아조동법성신"까지 '원'으로 시작하는 구절이 열 번 나오는 부분, 즉 '십원'부터 살펴야 합니다. 저의『천수경의 비밀』에는 제일 마지막에 '우리말『천수경』'을 제시하였는데, 그 번역을 인용해 봅니다.

　모든 진리 어서 빨리 알아지이며

지혜의 눈 어서 빨리 열려지이다.

모든 중생 어서 빨리 건너게하고

좋은 방편 어서 빨리 얻어지이다.

지혜의 배 어서 빨리 타기원하며

고해바다 어서 빨리 건너지이다.

삼학을 어서 빨리 얻기원하며

열반의 산 어서 빨리 올라지이다.

무위 속에 어서 빨리 만나게하며

진리의 몸 어서 빨리 이뤄지이다.

세 박자(음보音步)로 읽어야 한다는 점을 나타내기 위하여, 띄어쓰기를 일부 생략했습니다.

　　내용적으로 보면 이 열 가지 서원은 모두 관세음보살이 성불하기까지의 자리적自利的인 수행을 말하는 것입니다. 그 다음에 바로 이어지는 부분은 "아약향도산, 도산자최절"로부터 "아약향축생, 자득대지혜"까지, 중간에 '향할 향向'이라는 글자가 여섯 번 나오는 육향입니다. 그 부분의 번역을 온전히 읽어보겠습니다. 역시 『천수경의 비밀』에서 제시된 번역문입니다.

칼산지옥 들어가면

칼산절로 무너지고

화탕지옥 들어가면

화탕절로 없어지며

지옥중생 들어가면

지옥절로 사라지고

아귀중생 되어가면

아귀절로 배부르며

아수라가 되어가면

악심절로 무너지고

축생세계 들어가면

지혜절로 얻어지리.

한문으로는 한 구절에 다섯 글자입니다. 그래서 두 박자(2음보)에 맞추기 위해서 우리말에서는 띄어쓰기를 하지 않았습니다. 앞의 십원은 세 박자이고, 여기의 육향은 두 박자이기에 변화를 주면서 음악성을 높였습니다.

이러한 십원육향은 모두 관세음보살 자신의 발원입니다. 앞에서도 말씀드린 바 있지만, 사실 이 점은 오해하기 쉽습니다. 그러나 십원이든 육향이든 '아我'는, 즉 '나'는 모두 관세음보살 자신을 가리킵니다. 어떻게 그 점을 아느냐? 십원에서는 '나무대비관세음'이라고 했는데, '나무'는 '귀의하다'라는 말이 아닌가? 관세음보살 자신이 관세음보살에게 귀의한다는 것이 말이 되는가? 이렇게 문제를 제기할 수 있습니다.

그러나 근거가 있습니다. 여기서 『천수경』에 사실 두 종류가 있다는 점을 말씀드릴 필요가 있겠습니다. 지금 우리가 읽고 외는 『천수경』을 저는 '독송용 『천수경』'이라 부릅니다. '신묘장구대다라니'를 외기 위하여 앞뒤로 뭔가 필요한 내용을 보태어서 만들어진 것으로 보기 때문에 '독송용'이라는 말을 붙인 것입니다.

그렇게 '독송용 『천수경』'은 우리나라에서 편집되어 왔습니다만, 그 필요성은 어디에 있었을까요? 제가 '원본 『천수경』'으로 명명한, 대장경 속에 들어있는 『천수경』을 일상적으로 자주 읽기에는 양이 많아서 시간도 오래 걸립니다. 또 굳이 그 전체를 다 읽을 필요가 없어서인지도 모르겠습니다. 중요한 것은 '신묘장구대다라니(=대비주)'를 외는 일이기 때문입니다. 그래서 중요한 것(신묘장구대다라니)만 드러내서 그것을 중심으로 읽게 되었고, 그렇게 하여 '독송용 『천수경』'이 성립된 것입니다.

십원육향의 주어 '나'가 관세음보살이라는 근거는 '독송용 『천수경』'에는 없습니다. 그런데 '원본 『천수경』'에 보면, 이 십원육향을 발원하기 전에 이런 말이 나옵니다.

만약 비구·비구니·우바새·우바이·동남·동녀들이 [신묘장구대다라니를] 외우고자 한다면, 모든 중생들에게 대하여 자비심을 일으킨 뒤에 먼저 <u>나를 따라서</u> 다음과 같은 원 [십원육향]을 발해야 한다.

"나를 따라서"라는 말이 있음은, 이 원 자체가 <u>스스로의 원</u>임을 나타내는 것입니다. 관세음보살이 먼저 이 원을 세울 터이니, 모든 중생들도 관세음보살을 따라서 이러한 원을 세우라는 맥락 아니겠습니까.

관세음보살이 자기 스스로에게 '나무'한다는 것은 이상하지 않느냐는 질문을 제기할 수 있습니다. 그러나, 그것도 그렇지 않습니다. 부처님 가르침에 '가르침에 귀의하고, 스스로에게 귀의하라'는 말이 있지 않습니까. 중생이 부처님께 귀의하지만, 부처님은 먼저 부처님 자신에게 귀의합니다. 관세음보살 역시 그렇습니다. 중생이 관세음보살에게 귀의합니다만, 그런 귀의를 받기 전에 먼저 관세음보살은 관세음보살 자신에게 귀의합니다.

십원을 관세음보살 스스로의 성불론이라고 볼 수 있다면, 육향은 중생 제도의 구체적인 실천론이라 할 수 있습니다. 이 장면은 『관음경』에서 33응신을 나타내서 중생을 제도한다는 이야기와 맥이 통합니다.

『천수경』의 정토신앙

우리의 '독송용 『천수경』'에서는 십원육향을 외도록 배치한 뒤, 바로 '신묘장구대다라니'를 외기 전에 '나무본사아미타불'을 세 번 외도록 되어 있습니다. 이 장면에서 우리는 『천수경』에 나타난 아미타불을 처음 만나게 됩니다만, 그 부분을 온전히 제시하면 다음과 같이 됩니다.

나무관세음보살마하살

나무대세지보살마하살

나무천수보살마하살

나무여의륜보살마하살

나무대륜보살마하살

나무관자재보살마하살

나무정취보살마하살

나무만월보살마하살

나무수월보살마하살

나무군다리보살마하살

나무십일면보살마하살

나무제대보살마하살

나무본사아미타불

'나무'라는 말이 '귀의하다'라는 뜻이니까, 신묘장구대다라니를 외기 전에 아미타불과 관음, 세지의 두 보살님께 귀의한다는 이야기입니다. 나머지 천수보살 등은 모두 관세음보살의 다른 이름이거나 다른 모습입니다. 관세음보살은 바로 그렇게 변화하는 특징이 있습니다. 그래서 그분들을 다 포괄할 때 '변화관음'이라 부릅니다.

이렇게 '신묘장구대다라니'를 외기 전에 아미타불, 관세음보살, 그리고 대세지보살이라는 불보살에게 귀의한다는 말 역시 '원본『천수경』에 그 근거가 있습니다.

이러한 원[십원육향]을 발하고 나서, 지극한 마음으로 나의 이름을 일컫고, 또한 오로지 나의 본사 아미타여래를 일컬어라. 그런 뒤에 곧 마땅히 이 다라니신주를 외라.

관세음보살의 이름, 즉 '관세음보살'을 일컫는다고 할 때는 한 자로 '칭념稱念'이라 하고, 오로지 아미타여래를 일컫는다고 할 때는 '전념專念'이라 했습니다. 한자 '염'에는 다양한 의미가 있습니다만, 이 문맥에서는 앞에서 관세음보살을 일컬을 때 소리를 내서 염하라는 칭념이라는 말이 쓰였습니다. 그런 까닭에 그 뒤에 오는 말 '전념'의 '염' 역시 칭념의 의미로 이해하는 것이 옳습니다.

그런데 그보다 더 중요한 것은 아미타불을 '나의 본사 아미타여래'라고 말하고 있는 점입니다. 바로 여기에서 『무량수경』의 영향을 읽을 수 있습니다. 『무량수경』에서 관세음보살과 대세지보살은 아미타불을 돕는 보처의 보살이기 때문입니다. 따라서 이 부분에서 우리는 관음신앙을 노래하는 『천수경』 속 아미타불과의 연결고리를 확인하게 됩니다. 바꾸어 말하면, 『천수경』의 관음신앙 역시 『무량수경』의 맥락에서 이해해야 한다는 것을 알 수 있습니다.

그런 점을 우리는 '독송용 『천수경』'에서 한 번 더 확인할 수 있습니다. 이 부분은 원본 『천수경』에는 나오지 않습니다. 바로 '여래십대발원문' 중에 다음과 같은 부분을 주의해서 볼 필요가 있습니다. 『천수경의 비밀』에 실린 저의 번역을 다시 인용합니다.

> 안양국에 태어나기 틀림없으며
> 아미타불 속히뵙기 원하옵니다.
> 온누리에 몸을나퉈 두루다니며
> 모든중생 널리제도 원하옵니다.

'여래십대발원문'은 모든 부처님들의 공통된 서원 열 가지를 정리한 것입니다. 그중에 후반부 네 가지 서원, 즉 일곱 번째에서 열 번째까지의 서원은 정토신앙과 관련됩니다.

'안양국'은 극락의 다른 이름입니다. 그러니 극락에 어서 가서 아미타불을 어서 빨리 뵙고자 하는 원이 일곱 번째와 여덟 번째입니다. 이를 왕생往生, 또는 왕상往相이라고 합니다. 흔히 극락에 가는 것은, 그 극락이라는 곳이 글자 그대로 즐거움만 있어서라고, 그런 유토피아를 향해서 가는 것이라고 말합니다. 물론 틀린 말은 아닙니다만, 좀 부족한 설명입니다. 극락에서 우리가 이루고자 하는 바는 지금 사바세계에서 생각하는 것과 같은 '행복'에 있는 것이 아닙니다. 그런 '행복'을 넘어서서 궁극적으로 성불하고자 해서입니다. 그러니까 아미타불을 뵙고 난 뒤, 아미타불로부터 설법을 듣고 성불한다는 이야기가 생략된 상태입니다.

아홉 번째와 열 번째의 서원은 극락에서 성불한 뒤의 일을 말하고 있습니다. 극락에 가는 것은 거기서 계속 머물러 살기 위해서가 아닙니다. 중생 제도를 위한 준비를 하기 위해서입니다. 즉 중생을 제도하기 위한 준비가 곧 성불입니다. 성불한 뒤 관세음보살처럼 수많은 몸으로 변화하여 온 누리, 모든 국토에 다니면서 모든 중생을 제도하는 것. 그것이야말로 정토불교의 진정한 목적입니다. 대승불교의 진정한 목표라고 할 수 있습니다. 이를 '환상회향還相回向'이라고 합니다.

정토불교는 회향의 불교인데, 그 회향에 두 가지가 있습니다. 바로 왕상의 회향과 환상의 회향입니다. 이 왕상과 환상의 회향을 원하는 것, 그것이 정토불교의 핵심입니다. 이를 우리의 '독송용『천수경』'에서는 참으로 아름답게, 또 훌륭하게 드러내고 있습니다. 이 '독송용『천수경』'은 우리나라에서 성립된 것이기에, 우리나라의 정토불교에 대한 이해의 수준이 이미 '독송용『천수경』'의 성립 단계에서 정점에 이르렀음을 새삼 느끼게 됩니다.

『관무량수경』의 관세음보살

앞에서 우리는 『관음경』이나 『천수경』과 같은 관음신앙의 경전에서 아미타불을 어떻게 말하고 있는지 살펴보았습니다. 그렇다면, 거꾸로 아미타불을 말하는 정토신앙의 경전에서는 관세음보살을 또 어떻게 말하고 있는지 궁금하지 않을 수 없습니다. 정토신앙의 경전으로 세 가지를 듭니다. 정토삼부경淨土三部經이라 말하는데, 『무량수경』, 『아미타경』, 그리고 『관무량수경』입니다. 이 중에 『관무량수경』과 『무량수경』에서는 관세음보살을 말씀하고 있습니다. 먼저 『관무량수경』부터 살펴보기로 하겠습니다.

정토신앙의 원점

『관무량수경』은 석가모니 부처님께 최초의 절 죽림정사竹林精舍를 지어서 바친 왕사성王舍城(Rājagṛha)의 빔비사라Bimbisāra왕이 겪은 이야기를 배경으로 형성됩니다. 빔비사라왕에게는 아들이 하나 있었는데, 훌륭한 아버지라고 해서 꼭 훌륭한 아들을 낳고 기르는 것은 아닌가 봅니다. 더욱이 아버지가 왕이라면, 아들로서는 부왕의 권력을 조기에 빼앗고자 하고, 그래서 부왕을 시해까지 하는 비극을 역사에서 흔히 봅니다.

범비사라왕의 아들 아사세阿闍世(Ajātaśatru)는 쿠데타를 일으켜 부왕을 감옥에 가두고서 굶겨 죽이려 합니다. 범비사라의 왕비이자 아사세의 어머니가 바로 위제희韋提希(Vaidehī) 부인인데, 죽어가는 남편을 그냥 두고 볼 수 없습니다. 깨끗이 목욕한 다음, 온몸에 꿀을 바르고 또 장신구 속에다가 음식물을 감추어서 면회를 갑니다. 남편 범비사라왕은 그 덕분에 잠시 더 연명합니다.

위제희 부인으로서는 기가 막힌 일입니다. 자신이 낳은 아들이 그런 패륜아가 되어서 아버지를 죽이려 하다니. 한편, 위제희 부인의 면회로 인하여 범비사라왕이 아직 죽지 않고 연명하고 있음을 알게 된 아사세는 자신의 계획에 걸림돌인 어머니마저 죽이려 합니다.

이때 다행히도 충언을 하는 신하가 있었습니다. 의사로서도 뛰어났던 기파耆婆(Jīvaka)입니다. 권력을 위해서 아버지를 죽인 사람들은 수없이 많았어도, 어머니를 죽인 패륜아는 역사에 없다고 말했던 것입니다. 폭군에게 목을 내놓고 하는 충언이 아닐 수 없습니다. 덕분에 어머니 위제희 부인은 살아납니다.

한편, 절망 속에서 위제희 부인은 죽림정사에 계신 부처님을 찾습니다. 부처님은 제자 사리불과 목련을 보내서 위문하게 하고, 또 스스로 친히 찾아오십니다. 그때 위제희 부인이 부처님께 하는 이야기가, 바로 이런 세상 말고 어디 더 좋은 세상이 없는가 하는 질문입니다.

저는 이 질문이 정토신앙의 한 출발점이라고 봅니다. 원점(zero point)이라고 해도 좋겠습니다. 범부 중생의 입장에서는 정토신앙이 이렇게 시작됩니다. 아미타 부처님의 입장에서는 법장비구였을 때 사십팔원을 세운 일이 그 시작이었을 것입니다. 『무량수경』에 나오는 이야기입니다만, 그 역시 또 하나의 원점입니다.

부처님께서는 위제희 부인에게 저 아미타불의 서방 정토 극락세계를 보여주십니다. 극락을 관찰하는 방법을 가르쳐 줍니다. 『관무량수경』에서 부처님께서 설하시는 극락왕생의 방법은 모두 열여섯 가지입니다. 이 16관은 내용상으로 보면 둘로 나눌 수 있습니다. 제1관에서 제13관까지와 제14관에서 제16관까지입니다. 당나라 선도善導(613~681) 대사는 전자를 정선定善이라 하고, 후자를 산선散善이라 했습니다. 정선은 선정을 통해서 극락에 왕생하는 길이며, 산선은 선정이 아니라 선행이나 염불을 통해서 극락에 왕생하는 길입니다.

흔히 『관무량수경』을 이야기할 때, 구품九品왕생을 말합니다. 구품은 상중하로 나누어 놓고, 그 상중하마다 다시 상중하가 있는 식입니다. 이 구품왕생은 모두 산선, 즉 제14관에서 제16관 사이에 설해집니다.

이제 이러한 『관무량수경』의 구조 속에서 관세음보살은 어디에서 어떠한 역할을 하는 분으로 묘사되고 있는지 살펴볼 차례입니다. 먼저 정선의 경우입니다. 간략히 정리하면 다음과 같습니다.

- 제7화좌관華座觀 : 공중에 서 계신 무량수불 좌우에 관세음보살과 대세지보살이 모시고 서 있다.
- 제8상관像觀 : 관세음보살과 대세지보살은 아미타불의 좌우에서 연꽃에 앉아 있다.
- 제10관음관觀音觀 : 관세음보살의 얼굴은 염부단금閻浮檀金의 색이다.
- 제12보관普觀 : 관세음보살은 무량수불의 한량없이 많은 화신, 그리고 대세지보살과 더불어 극락으로 오는 행자의 앞에 나타나신다.
- 제13잡상관雜想觀 : 관세음보살과 대세지보살은 아미타불을 도와서 일체중생을 두루 교화하신다.

요약하면, 정선에서 관세음보살은 대세지보살과 함께 아미타불을 좌우에서 모시는 보처보살로서 그려집니다. 아미타불과 함께 예배의 대상이며, 아미타불을 대신하여 '화현 아미타불'과 함께 극락으로 오는 중생을 맞이하는 등 아미타불의 교화를 돕습니다. 정선의 다섯 가지 사례 중에서 제13잡상관에서 묘사되는 바를 구체적으로 옮겨 봅니다. 졸저『처음 만난 관무량수경』에 이미 번역을 제시하였기에, 그 번역을 다시 인용합니다.

아미타불께서 마음대로 신통을 행하여서 자유롭게 시방의 국토에 화현하는데, (…) 그렇게 나타내신 몸들은 다 진짜 금빛이 나고, 원광圓光·화불化佛 그리고 보배 연꽃은 다 앞에서 말한 그대로이다. 관세음보살·대세지보살 역시 모든 곳에서 [화현하는데, 그] 몸을 [나타내는 것이 아미타불의 경우와] 같다. [그럴 때는] 중생들은 다만 머리 모양을 살펴보고서, '이 분이 관세음보살'이고, '이 분은 대세지보살이다'라고 알 수 있다. 이러한 두 보살은 아미타불을 도와서 널리 모든 중생을 교화한다.

다음, 산선 안에서는 관세음보살을 어떻게 묘사하고 있는지 살펴볼 차례입니다.

- 제14관의 상품상생 : 관세음보살은 금강대金剛臺를 지니고서 대세지보살과 함께 행자를 맞아들인다.
- 제14관의 상품중생 : 관세음보살은 대세지보살, 무량한 대중들과 함께 아미타불을 모시고 행자를 맞아들인다.
- 제14관의 상품하생 : 관세음보살은 대세지보살, 모든 권속들과 함께 아미타불을 모시고 행자의 앞에 나타나 내영來迎한다.
- 제15관의 중품하생 : 서방극락에 태어난 중생이 7일 뒤 관세음보살과 대세지보살을 만나서 법을 듣고서

환희한다.

- 제16관의 하품상생 : 아미타불께서 화현 아미타불, 화현 대세지보살과 함께 화현 관세음보살을 파견하여 행자를 맞아들인다. 관세음보살은 대세지보살과 함께 크게 빛을 비추시면서 행자 앞에 머물러서 깊고 깊은 십이부경十二部經을 설하신다.

- 제16관의 하품중생 : 화현 아미타불, 화현 대세지보살과 함께 왕생자往生者를 영접한다. 관세음보살과 대세지보살은 하늘의 음성(범음성梵音聲)으로 왕생자를 편안하게 위로하여 대승의 깊고 깊은 경전을 설하신다.

- 제16관의 하품하생: 극락에 태어난 왕생자를 위하여 관세음보살은 대세지보살과 함께 크게 자비로운 음성으로 죄를 소멸하는 법과 존재의 참된 진리(제법실상諸法實相)를 설하신다.

산선, 즉 제14관에서 제16관까지 설해지는 구품 중에서 관세음보살은 대세지보살과 함께 아미타불을 모시고서, 혹은 아미타불의 지시를 받아서 화현의 모습으로 극락으로 오는 왕생자를 맞이해 주는 역할을 합니다. 왕생자를 맞이해 주시는 것을 '내영來迎'이라 합니다.

뿐만 아니라, 극락에 온 왕생자를 위하여 극락에서 부처님 법을 설하는 설법자의 역할을 담당하고 있는 모습을 제16관 가운데 하품중생의 사례를 통하여 구체적으로 살펴보기로 하겠습니다.

> 혹 어떤 중생이 오계, 팔계 내지 구족계를 범하였다. (…) 이러한 죄인은 [선지식의 설법을] 듣고서는 곧 팔십억 겁이라는 오랜 시간 동안 생사윤회를 거듭하면서 지어 온 죄를 소멸하게 된다. (…) 천상세계의 꽃들 위에는 화현하신 부처님과 보살들이 이 사람을 영접하고 있다. (…) 6겁이 지나서 연꽃[의 꽃잎]이 열린다. 꽃잎이 열리자, 관세음보살과 대세지보살이 하늘세계의 음성으로써 그 사람을 위로하면서 대승의 깊고도 깊은 경전을 말씀해 주셨다.

마지막으로 유통분流通分입니다. 유통분은 이 경전을 수지하고 독송하여 널리 전파하라는 마지막 메시지를 담기 마련인데, 『관무량수경』의 유통분을 역시 『처음 만난 관무량수경』에 제시한 번역문을 통해서 읽어봅니다.

> 이 경은 '극락국토와 무량수불·관세음보살·대세지보살을 관찰하는 경'이라 이름하며, (…) 이러한 [관불觀佛의] 삼매를 행하는 자는 이 몸을 지닌 채 그대로 무량수불과 두 분 보살을 뵈올 수 있으리라. [또] 만약 선남자 선여인이 다만 부처님의 명호와 두 분 보살의 명호를 듣는 것만으로도 무량한 겁 동안 생사를 거듭한 죄를 소멸하게 될 것이다. (…) 만약 염불하는 사람이 [있다고 한다면], 마땅히 알

183

아라. 이 사람은 사람 중의 연꽃이다. 관세음보살과 대세지보살이 그를 위하여 좋은 벗이 되어 주실 것이니, [이 사람은 정히] 도량에 앉아서 모든 부처님 집에 태어난다.

『관무량수경』은 전편에 걸쳐서 관세음보살을 상당히 많이 언급하고 있음을 알 수 있었습니다만, 몇 가지로 간략히 정리해 보겠습니다.

첫째, 관세음보살은 대세지보살과 함께 보처보살로서 아미타불을 모시고 있다.

둘째, 관세음보살은 대세지보살과 함께 아미타불을 모시고 극락에 오는 행자를 맞이해 준다. 이른바 내영來迎의 보살이다.

셋째, 관세음보살은 대세지보살과 함께 극락에 온 왕생자에게 설법을 해주신다.

한마디로 말하면, 관세음보살은 대세지보살과 함께 아미타불을 모시면서 아미타불의 원력사업인 중생들의 왕생행에 길잡이가 되어 주는 존재입니다. 이를 『관무량수경』은 '좋은 벗(승우勝友)'이라고 표현하고 있습니다. 이상으로 관세음보살이 정토신앙을 하는 정토신자, 정토행자의 벗이라는 점을 『관무량수경』은 분명히 해주고 있음을 알 수 있습니다.

『무량수경』의 관세음보살

아미타불의 보처보살

대승 경전의 형식을 보면, 부처님의 설법은 대개 산문으로 먼저 제시됩니다. 그런 뒤, 그 산문의 내용을 시의 형식을 빌어서 한 번 더 정리해 줍니다. 물론, 이 시에는 산문에서 언급하지 않은 내용을 덧붙여 산문 부분을 보완하기도 합니다. 산문 부분을 장행長行이라고 하고, 시 부분을 중송重頌이라고 합니다. 중송의 '중'은 '무거울 중'도 됩니다만, 이때는 '거듭 중'의 의미입니다.

『관음경』, 즉 『법화경』「관세음보살보문품」에도 장행과 중송이 다 있습니다. 저는 이번에 이 책을 준비하면서 한문(구마라집 역본)『관음경』만이 아니라 범본도 살펴보았습니다. 그랬더니, 놀랍게도 범본의 중송에는 있는데 구마라집 역본의 한역에서는 누락된 시(게송)가 일곱 송 더 있는 것 아니겠습니까. 저로서는 이를 '새로 찾은 『관음경』'으로 생각하고 있습니다. 또 그 속에서 드러나는, 즉 종래에는 감추어져 있었던(혹은 잃어버렸던) 관세음보살의 이미지를 '새로 찾은 관세음보살'이라 생각하고 있습니다. 그 내용은 모두 『무량수경』의 아미타

신앙과 관련되는 것이었음은 앞에서 살펴보았습니다.

　이 부분에 대해서는 2부에서 다시 상세하게 말씀드리고자 합니다만, 여기서는 그 전에 앞에서 말씀드린 '『관무량수경』에서 말하는 관세음보살'에 이어서『무량수경』에서는 과연 관세음보살을 어떻게 말하고 있을까를 살펴보고자 합니다.

　이미 『관무량수경』을 통하여, 우리는 관세음보살은 대세지보살과 함께 아미타불을 모시는 보살이라는 점을 알 수 있었습니다. 뿐만 아니라, 거기서 한 걸음 더 나아가 관세음보살의 독자적 역할이 있음을 알 수 있습니다. 왕생자를 맞아들이러 나아가거나 극락에 온 왕생자를 위하여 법을 설하여 주시는 등의 역할이 바로 그것입니다.

　그러나 『무량수경』 하권에서는 훨씬 더 간략하게 언급됩니다.

　"아난이여, 저 [아미타] 부처님 나라의 모든 성문들은 몸에서 나는 빛이 1심尋을 [비추고], 보살의 광명은 100유순을 비춘다. [다만 보살들 중에서도] 두 보살이 가장 존귀한 분인데, [그 두 분의] 신통력이 깃들어 있는 광명은 삼천대천세계를 두루 비춘다."

　아난이 부처님께 사뢰었다. "저 두 분 보살의 이름이 무엇인지요?"

　부처님께서 말씀하셨다. "첫 번째는 관세음이라 이름하고, 두 번째는 대세지라 이름한다. 이 두 분의 보살은 이

[아미타] 부처님의 국토에서 보살행을 닦다가 목숨(命)이 다하면 변화하여 저 [시방의] 부처님 국토에 태어난다."

『무량수경』은 마침내 아미타불을 모시는 관세음보살과 대세지보살의 두 보살을 이야기하기 위하여 먼저 성문聲聞의 무리들을 말합니다. 그다음에는 그 두 분을 제외한 다른 보살들을 말하고, 마지막으로 관세음보살과 대세지보살을 말하는 흐름을 취합니다. 성문보다는 다른 보살들, 다른 보살들보다는 두 분의 보살들이 더 위대함을 나타내기 위하여 그분들의 빛이 각기 어디까지 비추는가 하는 것으로 기준을 삼았습니다.

성문은 겨우 1심이니, 즉 1장丈입니다. 1장의 길이는 대략 3미터 정도 됩니다. 다른 보살들은 백 유순이라 되어 있습니다. 1유순은 약 30리라고 하니, 백 유순은 3천 리(약 1,200키로미터) 정도로 볼 수 있습니다. 성문에 비하면 확연히 차이가 납니다. 하지만, 관세음보살과 대세지보살에는 미치지 못합니다. 그 두 분의 보살들은 삼천대천세계를 다 비추기 때문입니다.

범본의 경우에는 이러한 숫자 표현이 다소 다릅니다. 보살들은 십만억 유순이라고 하였으며, 두 분 보살들은 (아미타불의) 국토를 항상 비출 수 있다고 합니다. 십만억 유순보다는 아미타불의 국토를 비추는 것이 더욱 널리 비추는 것으로 묘사됩니다. 범본과 한역본 모두 다른 보살들보다는 관세음보살과 대세지보살들이 더욱 광범위하게, 또 오래 빛을 비추고 있다는 이야기를 하고 있습니다.

제22원의 보살

만약 이 정도로 그친다면, 관세음보살에 대한 『무량수경』의 정보는 너무 소략疏略한 것이라 평가해야 할 것입니다. 하지만, 관세음보살과 대세지보살이 어떤 맥락에서 설해지고 있는지를 살펴보면 그 평가는 완전히 달라집니다. 앞에서 인용한 『무량수경』 하권의 말씀 바로 직전에 다음과 같은 내용이 나옵니다.

> 부처님께서 아난에게 말씀하셨다. "저 나라의 중생들은 모두 장차 마침내 한 가지로 보처[보살로] 태어나는 [지위에] 이르게 될 것이다. 다만 그 본원이 중생을 [제도하기] 위한 까닭에 큰 서원의 공덕으로 스스로를 무장하여 널리 모든 중생을 다 제도하겠다는 경우에는 제외한다."

일단, 밑줄 그은 부분을 주의 깊게 기억해 두시기를 바랍니다. 전체적으로 이 인용문은 앞의 『무량수경』 상권에서 법장비구가 세운 서원들 중에서 제22원이 이루어졌다는 점을 부처님께서 확인해 주시는 맥락이기 때문에 '제22원의 성취문成就文'이라 부릅니다. 그리고 법장비구가 부처를 이루기 위한 원인을 심어갈 때 세운 원은 '인문因文'이라고 합니다.

위의 제22원 성취문이 짧기 때문에 그 의미를 정확히 파악하기 위하여, 제22원의 인문을 인용해 볼 필요가 있습니다. 『무량수경』 상권에서 법장비구는 이렇게 서원을 세웠습니다.

가령 제가 부처가 된다 하더라도, 다른 세상 부처님 국토
의 모든 보살들이 저의 나라에 태어나서 마침내 한 가지
로 보처[보살로] 태어나는 [지위에] 이르지 않는다면, 저는
위없이 높고 올바른 깨달음은 얻지 않겠습니다. 다만 그의
본원이 자유롭게 [중생들을] 교화하고자 하여 중생을 위
하는 까닭에, 큰 서원의 갑옷을 입고 공덕을 쌓아서 일체
중생을 제도하기 위하여 모든 불국토에 다니면서 보살행
을 닦으며, 시방세계의 모든 부처님 여래들을 공양하오며,
갠지스강의 모래알만큼 [많은] 한량없는 중생들을 교화
하여서, [그들로 하여금] 위없이 높고 올바른 깨달음에 머
물게 하여서, 더 높이 [보살] 단계의 행이 실현되고 보현
보살의 공덕을 닦고자 하는 [보살들이라면] 제외합니다.

앞서 살펴본 제22원의 성취문은 간략하고, 지금 인용한 제22
원의 인문은 좀 더 자세합니다. 양자를 비교해 보면 제22원의
성취문은 바로 지금 인용한 제22원의 인문 중 밑줄 친 부분을
요약한 것임을 알 수 있습니다. 그리고 그 의미는 극락에서 부
처님을 모시는 보처보살로 지내다가 성불하기를 포기하고, 중
생들이 있는 여러 불국토를 다니면서 중생을 교화하는 것을
서원한 이타利他의 보살들이 있음을 말하는 것입니다.
　『무량수경』은 그러한 이야기를 하고 나서, 바로 이어서 관
세음보살과 대세지보살을 등장시키고 있습니다. 『관음경』에
서 말하는 33응화신으로 나타난 관세음보살 역시 제22원에

서 말하는 보살, 즉 스스로의 성불을 미루고서 중생 제도를 위하여 극락을 떠나 중생세계로 오신 분임을 말하고 있는 것입니다.

과연 『무량수경』 하권에서 아미타불의 보처보살로 나타난 관세음보살을, 중생 제도를 위하여 극락에서 '보처의 보살'로 존재하는 것을 사양하고서 중생들의 세계 속으로 들어가는 '제22원의 보살'로 볼 수 있을까요? 이 점을 좀 더 분명히 할 필요가 있습니다. 마침 이를 확인할만한 증거도 있습니다. 바로 앞에서 인용한 『무량수경』 하권의 제22원 성취문 앞에 나오는 「동방게東方偈」라는 게송들 속에서입니다.

「동방게」의 관세음보살

「동방게」는 첫 구절이 "동방제불국東方諸佛國"으로 시작되어 '동방게'라는 이름으로 불립니다. 한문으로 말씀드리면, 한 구에 다섯 자씩 120구입니다. 네 구가 한 송을 형성하는 전체 삼십 송 분량의 장시長詩입니다. 그 제10송에 또 한 번 '관세음보살'이 등장합니다.

관세음보살은 옷깃을 여미고
부처님께 사뢰어서 여쭈었다.
"부처님께서는 무슨 인연으로 미소 짓나이까?
오직 그[렇게 하신] 뜻을 설해주시길 원할 뿐입니다"

'또 한 번'이라 말씀드렸으나, 사실 어폐가 있는 표현입니다. 왜냐하면 순서로 보면,『무량수경』하권에서 이 구절에 등장하는 '관세음보살'이라는 표현이 최초이기 때문입니다.

　부처님께 질문을 드리는 역할을 관세음보살이 담당하고 있습니다. 이 질문에서는 '미소'만 문제 삼고 있습니다만, 사실 부처님은 미소만이 아니라 입에서 헤아릴 수 없는 빛을 내놓고 있었습니다. 즉 '구출무수광口出無數光'이라 하였습니다. 무슨 이유로 부처님께서는 방광放光하시며, 미소를 지으시는가? 이에 대한 부처님의 대답은 "시방세계의 많은 보살들이 불국토를 장엄하고 수기授記(내생에 부처가 되리라는 약속)를 받기 위하여 극락으로 온다"라는 것입니다. 이러한 보살들은 곧 제22원에서 말하는 것처럼, 보처보살이 되는 분들입니다. 그러한 내용을「동방게」제12송부터 제18송까지 시로 노래합니다.

　그다음에 제19송과 제20송에서 다음과 같은 내용이 나옵니다.

　　[극락에 온] 보살은 [다음과 같은] 서원을 세웠다.
　　"나의 나라 역시 이와 같이 되기를,
　　[나의] 이름이 시방세계 [끝까지] 도달하여서
　　[내가 살던 나라의] 모든 중생들을 두루 제도하리라."

　　[그렇게 서원을 세운 보살은] 수많은 여래를 받들어 모시고서
　　[신통력으로] 모든 국토에 날아서 가서

기쁜 마음으로 [수많은 여래에게] 공양을 올리고서

[밥 한 그릇을 다 먹기도 전에] 다시 안양국으로 돌아올 것이다.

이렇게 「동방게」에서는 제22원의 메시지를 반복하고 있습니다. 이 제19송과 제20송은 '제22원의 중송'이라 불러도 좋을 것입니다. 어쩌면 「동방게」 자체가 제22원의 뜻을 한 번 더 반복하고 확장하는 것이라 볼 수도 있을 것입니다.

그렇게 관세음보살은 바로 세존으로부터 제22원의 뜻을 반복하고 확장하는 「동방게」를 듣습니다. 그런 다음에 『무량수경』 하권에서 우리가 살펴본 제22원의 성취문을 설하십니다. 그리고서 역시 앞에서 인용한 문장, 즉 관세음보살과 대세지보살에 대한 말씀을 하시는 구조입니다. 이를 통해서 본다면, 『무량수경』 하권의 「동방게」, 제22원의 성취문, 그리고 두 분 보살에 대한 경전의 말씀이 뜻하는 바는 하나로 관통됨을 알 수 있게 됩니다.

그 하나는 무엇일까요? 바로 제22원의 보살입니다. 극락에 갔다고 해서, 혹은 극락에 산다고 해서 바로 보처보살로 머물고 있다가 성불하는 것이 아닙니다. 중생 제도를 위하여 극락을 떠나서 중생들이 있는 나라로 들어가 보살행을 통하여 중생을 제도하는 것을 강조합니다. 그리고 그러한 보살의 한 사례가 바로 관세음보살입니다.

또 하나의 보충 증거가 있습니다. 후기 『무량수경』에는 그런 내용이 없지만, 『대아미타경』이나 『평등각경平等覺經』과 같은 초기 『무량수경』에 있는 내용입니다. "(아미타)부처님께서는 언제나 이 두 보살들과 함께 시방세계의 과거·현재·미래의 일들에 대하여 의논하시고" 있으며, 이 "두 보살로 하여금 시방세계의 헤아릴 수 없는 부처님 국토에 가도록 한다"라는 것입니다. 아미타불이 두 보살과 함께 의논하는 것을 한문으로는 '좌시정론坐侍政論'이라 했습니다. '정론政論'이라고 하면, 세속적인 정치에 대한 논평이나 논의 등을 말합니다. 그렇게 아미타불을 모시고서(좌시坐侍) 중생의 삶에 대해서 함께 걱정하시다가, 아미타불께서 관세음보살과 대세지보살을 파견한다는 것입니다.

이러한 이야기에 따른다면, 이제 관세음보살이 사바세계에 오셔서 33응화신으로 나타나 중생을 제도하는 그 모든 일들이 사실은 아미타불과 의논을 한 뒤에 아미타불로부터 파견되어서 오시게 된 것임을 알 수 있게 됩니다. 그리고 당연히 그 중생들을 아미타불의 국토, 즉 서방 정토 극락세계로 이끄는 역할을 하시리라는 점 역시 알 수 있습니다.

다만 후기 『무량수경』에 속하는 강승개 역본 『무량수경』에는 그러한 이야기가 빠져 있습니다. 그저 관세음보살과 대세지보살 모두 사바세계에서 보살행을 한 덕분에 극락에 왕생할 수 있었다는 이야기만 합니다. 그래서 그 문맥을 파악하기 쉽지 않게 되어 버렸습니다만, 자세히 살펴보면 관세음보살 역시 제22원의 보살이라는 점을 알 수 있습니다. 어쩌면 『무량수경』에서는 그러한 메시지가 이미 「동방게」에서, 특히 제18송부터 제20송 사이에서 충분히 드러났다고 생각해서 '두 분의 보살'을 말할 때에는 군이 다시 환상의 보살행에 대해서는 언급하지 않았던 것인지도 모르겠습니다.

요약

『관무량수경』에서 관세음보살의 역할은 극락을 향해서 오는 중생(왕생자)들을 맞이하고 설법해 주시는 것에 그칩니다. 그에 비해 제22원과 관련된 맥락 속에서 설해지는 『무량수경』의 관세음보살은 거기서 한 걸음 더 나아가 중생들의 삶의 현장으로 들어가서 역할을 하십니다. 그것이 바로 『관음경』의 관세음보살입니다. 그렇게 『관음경』과 『무량수경』을 하나로 연결하는 '탯줄'과 같은 역할을 하는 것이 바로 구마라집이 누락했던 중송의 제28송에서 제32송까지 이르는 다섯 송입니다.

지금까지의 『관음경』과 『무량수경』의 분단의 역사는 유감스럽지만, 어쩔 수 없습니다. 다만 앞으로는 종래의 '결본缺本 『관음경』'이 아니라 복원된 '완본完本 『관음경』'을 통하여 아미타불과 관세음보살을 함께 생각하는 신앙을 할 수 있게 되기를 바랄 뿐입니다. 그런 점에서 2부 제8장에 수록되는 '완본 『관음경』'의 중요성은 아무리 강조해도 지나치지 않을 것입니다.

새로 찾은

관세음보살

제
6
장

『관음경』의
관세음주의

『관음경』은 『법화경』의 「관세음보살보문품」이 『법화경』 밖으로 나와서, 그 하나의 품이 별도의 경전이 되어 유통될 때 얻은 이름입니다. 어쩌면 『관음 경』으로 유통되는 것이 『법화경』속의 「관세음보살보문품」으로 유통될 때보 다 훨씬 많이 읽혔을 것으로 생각됩니다. 또 절마다 만들어서 나누어 주는 『법요집』 등을 보면 흔히 「관세음보살보문품」이 포함되어 있습니다. 이제 2 부의 세 장, 즉 제6장에서 제8장까지는 이 『관음경』에 나타난 관세음보살을 집중적으로 고찰해 보고자 합니다.

『관음경』, 구제자 관음의 고향

『관음경』의 구성

『관음경』에서 관세음보살을 어떻게 이야기하는지 파악하기 위해서 도움이 되는 좋은 방법이 있습니다. 바로 형식이나 내용 구성에 초점을 두고 단락을 나누어서 파악해 보는 것입니다. 이를 '과목科目 나누기'라고 합니다.

과목 나누기의 가장 기본적인 방식은, 하나의 경전을 크게 서분序分, 정종분正宗分, 유통분流通分으로 나누는 것입니다. 이는 마치 우리가 글을 쓸 때 서론, 본론, 결론으로 나누어서 구성하는 것과 유사한 방식입니다.

하지만 결정적으로 다른 것은 유통분입니다. 절대로 '결분結分'이라고 말하지 않습니다. '결'은 '맺는다, 맺힌다, 막힌다'는 의미가 있습니다. 반면 '유통분'에서 '유'는 '흐른다, 흘러간다', '통'은 '통한다'는 의미입니다. 부처님의 가르침이 또 다른 사람에게 흘러가서 소통되기를 희망하면서 '유통분'이라 말하는 것입니다.

이러한 과목 나누기 방법을 적용하여 『관음경』을 이해해 보기로 하겠습니다. 그러려면 먼저 서분을 이야기해야 하지만,『관음경』에는 서분이라 할 만한 내용이 없습니다. 바로 본론이 나옵니다.

> 그때 무진의無盡意보살이 자리에서 일어나서 오른쪽 어깨를 드러내고서 합장하여 부처님께 다음과 같이 말하였다. "세존이시여, 관세음보살은 어떠한 인연으로 관세음이라 이름합니까?"

이는 서분으로 분류할 수 있는 내용이 아닙니다.『금강경』의 제1「법회인유분法會因由分」에서 보듯이, 언제 어디서 이 법회가 이루어졌으며, 누가 참여했다는 등의 이야기를 밝히는 것이 서분의 전형적인 모습입니다. 결국『관음경』에는 서분이 없습니다. 애초에『관음경』은『법화경』속의 한 품이었고,『법화경』의 제1「서품序品」이 서본 역할을 하고 있기 때문이 아닌가 추측될 뿐입니다.

정종분은 보다 상세히 논의해야 하므로 뒤로 미루고, 먼저 유통분에 대해서 보기로 합니다. 유통분은 다음과 같은 말씀으로 이루어져 있습니다.

> 그때 지지持地보살이 자리에서 일어나서 부처님께 사뢰어 말씀하였다.
> "세존이시여, 어떤 중생이 이 관세음보살의 자재로운 행동과 널리 신통력을 나타내 보이는 것을 듣는다면, 이 사

람의 공덕이 적지 않음을 마땅히 알아야 할 것입니다."

[이렇게] 부처님께서 이 「[관세음보살]보문품」을 설하시자, 그 모임에 참여했던 팔만사천의 중생들이 모두 위없이 높고 올바른 깨달음을 얻으려는 마음을 내었다.

『관음경』의 본론이라 할 수 있는 정종분의 등장인물은 석가모니 부처님과 무진의보살입니다. 무진의보살이 질문을 제기하고, 부처님께서 이에 답하시는 형식을 취하고 있습니다. 다른 대중들은 그 두 분의 대화나 부처님의 시를 차분히 듣고 있는 상황입니다. 마치 연극과 같습니다.

무대 아래에 있던 대중들 속에서, 지금까지 가만히 듣고 있던 지지보살이 일어나서 이 『관음경』의 내용을 듣는 중생들의 공덕이 크다고 말합니다. 이렇게 불교 경전에서는 항상 전하고자 하는 메시지가 설해진 뒤에 그 공덕을 찬탄하는 부분이 이어집니다. 공덕을 찬탄하는 이유는, 앞에서 설해진 메시지를 잘 받아 지녀서 실천하기를 강조하기 위해서입니다. 그래서 다른 사람들에게도 전하라, 유통하라는 것이 '유통분'의 의미입니다.

『관음경』의 정종분

이제 『관음경』의 본론인 정종분에 대해서 말씀드릴 차례입니다. 먼저 '정종분'이라는 말의 의미를 생각해 봐야 합니다. '정

正'은 '바를 정'이고, '종宗'은 '마루 종'입니다. 그러니까 '정종'은 산의 가장 높은 마루, 정상을 의미합니다. 영어로는 '클라이맥스'가 되겠습니다. 이렇게 정종분이라는 말의 뜻풀이를 통해서 우리는 정종분이 그 경전이 설하고자 하는 가장 궁극적인 의미를 담고 있는 부분임을 알 수 있습니다.

예를 들어 『금강경』의 제3 「대승정종분大乘正宗分」은 대승불교에서 말하는 궁극적 의미, 궁극적 가르침을 담고 있는 부분이 바로 제3분이라는 평가를 담고 있습니다. 물론 그러한 평가는 경전 그 자체가 담고 있는 것이 아닙니다. 중국 양梁나라 무제武帝의 장자인 소명昭明(?~531) 태자라는 분이 내린 평가입니다. 아무튼 이렇게 경전을 세 부분으로 나누어 보는 방식은 후대에 발전한 것이지만, 편리한 면이 많아 저도 지금 활용하고 있습니다.

경전을 크게 셋으로 나눈다고 할 때, 정종분은 서분과 유통분 사이를 가리킵니다. 『관음경』의 경우도 그렇습니다. 그 부분을 살펴보면 형식적으로 크게 둘로 나눌 수 있음을 어렵지 않게 알아차릴 수 있습니다. 먼저 산문이 있고 뒤에 시가 있습니다. 산문을 장행이라 하고, 시를 중송이라 한다는 점은 앞서 언급한 바 있습니다. 이는 그 내용이 앞의 장행에서 설해진 바를 요약하거나 해서 거듭 읊고 있기 때문입니다. 이렇게 산문으로 먼저 설한 뒤, 시로 한 번 더 정리하는 방식은 경전에서 법을 설하는 형식입니다. 멋있는 일이 아닐 수 없습니다.

지금까지 드린 말씀에 근거하여, 『관음경』의 정종분을 일

목요연하게 분석해 보면 다음 도표와 같습니다. (도표에서 홑낫표 안에 쓰인 부분은 내용 구분을 위해 제가 정리한 것입니다. 이하 동일합니다.)

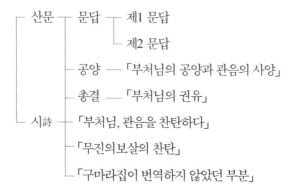

우선 산문 부분을 보면 크게 문답, 공양, 총결로 나눌 수 있습니다. 그중에 『관음경』이 어떤 메시지를 담고 있는가 하는 점은 '문답'에 잘 드러나 있습니다. 그 문답은 두 번에 걸쳐서 이루어집니다. 이를 제1 문답, 제2 문답이라 하였습니다만, 각기 좀 더 세부적으로 분류할 수 있습니다.

제1 문답의 세부 분류는 다음과 같습니다.

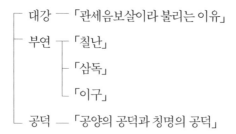

제1 문답은 결론적인 말씀을 먼저 대강으로 제시한 뒤에 그것을 다시 사례 중심으로 부연 설명합니다. 그리고 관세음보살의 이름을 받아 지니는 것이 얼마나 큰 공덕이 있는지를 말씀하십니다. '62억×갠지스강의 모래알 수'만큼의 보살의 이름들을 다 받아 지니는 것만큼의 복덕이 있다는 것입니다. 관세음보살 한 분의 공덕이 그렇게 많은 보살의 공덕을 다 모은 것이나 마찬가지라는 뜻입니다. 그만큼 관세음보살님의 공덕이 크다는 것이겠지요.

다음으로 제2 문답의 세부 분류를 제시해 봅니다.

```
┌ 부연 ─「중생교화의 방법」
└ 대강 ─「시무외자施無畏者라 불리는 이유」
```

앞의 제1 문답에서는 대강이 앞서고 부연이 뒤따랐으나, 제2 문답에서는 부연이 앞서고 대강이 뒤따랐습니다.

이상으로 산문 부분에 대한 개략적인 이해를 할 수 있었습니다. 이제 시 부분에 대해서입니다만, 자세한 내용은 제7장 '새로 읽는 『관음경』'에서 말씀드릴 것이므로 여기서는 한 가지만 언급하고자 합니다.

바로 『관음경』의 역자 구마라집이 고대 인도의 문자인 산스크리트로 된 『관음경』을 중국의 문자인 한문으로 옮길 때 중송 부분의 일곱 송을 누락했다는 것입니다. 왜 그렇게 했을까요? 이에 대해서도 뒤에서 자세히 살펴보게 될 것입니다. 다만 여기서 말씀드리고자 하는 것은 범본 『관음경』을 통해 이 부분을 다시 번역해서 온전한 『관음경』, 다른 말로 하면 역자 구마라집에 의해서 임의로 축소되었던 『관음경』이 아니라 원래의 '완전한 『관음경』'을 복원한 뒤, 거기에 의지하여 신앙 생활을 해가야 하겠다는 것입니다. 2부 제8장에서 제시하는 '『관음경』 우리말 번역'을 '완본 『관음경』'이라 부르는 까닭입니다.

관세음주의라 판단하는 이유

중생주의의 반성

『관음경』은 서분이 없다고 했습니다. 서론이 없다는 것입니다. 시작하자마자 바로 본론이 나옵니다. 불교의 해석학 역사에서는 본론을 '정종분'이라 한다는 이야기도 이미 말씀드렸습니다.

정종분에서 두 가지 문답이 이루어집니다만, 보다 중요한 문답은 제1 문답입니다. 관세음보살의 정체성을 묻기 때문입니다. 우리가 왜 관세음보살을 '관세음'보살이라 부르는가를 묻고 답합니다. 그 대답 속에는 관세음보살로부터 구원을 받으려면 또 어떻게 해야 하는지, 해탈의 방법론이 담겨 있기도 합니다.

선남자여, 만약 무량백천만억의 중생이 여러 가지 고뇌를 받고 있을 때 이 관세음보살의 이름을 듣고서는 일심으로 이름을 일컫는다면, 관세음보살은 즉시에 그 음성을 관찰하시고 모두 해탈을 얻게 하신다.

되돌아보면, 저는 1992년에 『천수경 이야기』를 펴냈습니다. 이후 경향 각지를 다니면서 『천수경』 강의를 많이 했습니다. 약관 30대의 일입니다. 『천수경』은 바로 천수천안관세음보살을 이야기하는 경전이 아니겠습니까. 그렇게 해서 저에게는 관음신앙을 말하는 사람이라는 이미지가 주어졌습니다. 2010년에 펴낸 『관세음보살』 역시 그 연장선에서 집필하게 된 것입니다.

그러나 2007년 이후로 『나무아미타불』 번역을 위한 공부에 매달리게 되면서, 사실상 '나무아미타불'의 정토신앙에 매진하게 됩니다. 관세음보살에 대해서는 별로 이야기를 하지 않게 된 것입니다. 비유해서 말씀드리면, 가수가 노래를 녹음해서 발표만 하고 방송이나 행사 같은 데서 활동하지 않는 것과 마찬가지입니다.

그렇게 관세음보살을 이야기하지 않게 되었으나, '나무아미타불' 정토신앙을 공부하면 할수록 『관세음보살』에서 말한 관세음보살 신앙이 사실상 관세음주의라기보다는 중생주의의 입장이었다는 점을 알아차리게 된 것입니다. 깊이 반성하게 되었습니다. 그래서 위에서 제시한 『관음경』의 말씀에 하나의 보충이 이루어졌으면 좋겠다는 생각을 하게 된 것입니다. 그 보충 부분을 대괄호 속에 넣어서 다시 제시합니다.

선남자여, 만약 무량백천만억의 중생이 여러 가지 고뇌를 받고 있을 때 이 관세음보살의 이름을 듣고서는 [지극한 마

음으로 믿고 좋아하면서] 일심으로 이름을 일컫는다면, 관세
음보살은 즉시에 그 음성을 관찰하시고 모두 해탈을 얻게
하신다.

"지극한 마음으로 믿고 좋아하면서"라는 말을 보충해 주면 좋
겠다는 판단은 바로 『무량수경』에서 착안한 것입니다. 1부에
서 말했듯 『무량수경』은 아미타불의 성불 이야기를 담고 있는
경전인데, 그 핵심은 성불 이전에 세운 서원에 있습니다. 흔히
'사십팔원'으로 말해집니다만, 그중 제일 핵심적인 것은 제18
원입니다.

> 가령 제가 부처가 된다 하더라도, 시방세계의 중생들이
> [저의 이름을 듣고 나서는] 지극한 마음으로 믿고 좋아하면서
> 저의 나라에 태어나고자 하여, 예컨대 열 번 [저의 이름을]
> 염하여서도 만약 태어나지 못한다고 한다면, 위없이 높고
> 올바른 깨달음을 깨닫지 않겠습니다. 다만 무간지옥에 떨
> 어질 다섯 가지 죄(五逆罪)와 정법을 비방하는 [죄를 범한 경
> 우에는] 제외합니다.

'나무아미타불'이라고 아미타불의 이름을 염하라고 말하기 전
에 먼저 지극한 마음으로 믿고 좋아하면서 아미타불의 나라
에 태어나기를 원하라고 말씀하신 것입니다. 종래 정토불교
에서는 '지극한 마음으로 믿고 좋아하는' 일은 신信에 관한 것

이라 해석하고, '예컨대 열 번 아미타불의 이름을 부르는 것'은 행行이라 말해왔습니다. 그렇게 보면, 제18원은 신을 기초로 하여 행이라는 건물을 올려놓은 것으로 볼 수 있습니다. 혹은 신을 안으로 보고 행을 밖으로 볼 수도 있습니다. 말하자면 우리는 제18원에서 신과 행의 조화를 통해 극락에 왕생할 수 있다는 가르침을 확인하게 됩니다.

그런데 『관음경』에서는 '지극한 마음으로 믿고 좋아한다'는 신에 관한 언급이 없어서 자칫 경전이 본래 말하고 있는 바와는 달리, 행을 중심으로 하는 중생주의에 기울어진 것 아닌가 하는 생각을 하게 된 것입니다. 신이 먼저 확고히 서게 되면, 행은 저절로 일어납니다. 관세음보살을 우리가 마음속으로 믿고 좋아하게 되면, 그분의 이름을 염하거나 부르는 일은 그다지 어렵지 않을 것입니다. 자연스럽게, 저절로 그 이름을 부르게 되지 않을까요?

범본 『관음경』의 입장

이런 생각으로 이 책을 집필하고 있었습니다만, 이 과정에서 저는 범본 『관음경』을 살펴보면서 또 한 번 놀라게 됩니다. 범본 『관음경』에는 애당초 '일심으로 이름을 일컫는다(일심칭명)'라는 말이 없다는 점을 발견하였기 때문입니다. 범본 『관음경』의 해당 부분을 옮기면 다음과 같이 됩니다.

선남자여, 여기에 만약 백천만 억의 중생들이 [수많은] 고통들에 얽혀서 [괴로워할 때], 만약 관세음보살마하살의 이름을 듣게 된다면, 관세음보살은 <u>관자재력觀自在力으로</u> 그 중생들 모두를 해탈케 할 것이다.

이러한 범본『관음경』원문을 구마라집이 번역한 한역과 대조해 볼 때, 두 가지 차이가 있습니다.

첫째, 한문의 '일심칭명'에 해당하는 단어가 범본에서는 나타나지 않는다는 것입니다. 만약에 그 말이 없기에 없는 그대로 번역을 했다고 한다면, 어떻게 될까요? 앞서 제가 제언한 바와 같은 '지극한 마음으로 믿고 좋아한다'는 말을 대괄호 속에 집어넣어서 생각하지 않아도 될 것입니다. 왜냐하면, '일심칭명'이 없다면 어차피 그 중심은 '이름을 듣게 되는' 것으로 이동할 수밖에 없습니다. 관세음보살의 이름을 듣는 일은 우리가 능동적으로, 주체적으로 한다기보다는 그 이름 자체, '관세음보살'이라는 소리가 우리의 귀에 도달하여 우리가 수동적으로 듣게 되는 것 아니겠습니까. 중생주의가 아니라 관세음주의의 입장이 될 수 있다는 이야기입니다.

둘째, 구마라집은 위의 번역에서 밑줄 그은 부분의 번역('관자재력으로')을 누락하고 말았습니다. 우리가 고뇌로부터 해탈할 수 있게 되는 것은, 종래 중생주의의 맥락에서는 우리가 '일심칭명'한 덕분이라 보았던 것입니다. 그래서 얼마나 많이 칭명염불을 하는가, 얼마나 오래 칭명하는가, 혹은 염불할 때

얼마나 정신을 집중하는가에 구제 여부가 달려 있는 것처럼 생각해 오기도 했습니다. 그러나 범본『관음경』은 그렇게 말하지 않습니다. 우리의 구제는 오직 관세음보살의 관자재한 힘에 의해서 이루어진다는 점을 분명히 합니다. 분명 범본『관음경』은 관세음주의의 입장이었는데, 구마라집 번역에 의해서 중생주의 입장으로 개변改變되었던 것으로 보입니다.

그렇다면 구마라집은 왜, 어떻게 해서 그랬을까요? 제 생각에는 구마라집이 번역한『아미타경』에 그 비밀이 숨어있는 것 같습니다. 다음은『아미타경』의 핵심적인 부분입니다.

> 사리불아, 적은 선근이나 복덕의 인연으로 저 [아미타불의] 나라에 태어날 수 없다. 사리불아, 만약 선남자 선여인이 아미타불의 이름을 듣고서 그 이름을 굳건히 지니고서 하루든 이틀이든 사흘이든 나흘이든 닷새든 엿새든 이레든 일심으로 어지럽지 않게 된다면, 그 사람이 목숨을 다해 마칠 때 아미타불과 모든 성중聖衆들이 그 앞에 나타날 것이니, 그 사람이 [목숨을] 마칠 때에는 마음이 어지럽지 않고서 곧 아미타불의 극락 국토에 왕생할 것이다.

"그 이름을 굳건히 지니고서(執持名號)"라는 말이 나타납니다. 그 말 앞에는 "아미타불의 이름을 듣고서(聞說阿彌陀佛)"라는 말도 있습니다. 범본『아미타경』을 확인해 봐도, "그 이름을 굳건히 지니고서"라는 말이 나타나 있습니다. 직역하면 '(마음으

212

로) 억념憶念하고서'이지만, 그 내용은 아미타불의 이름을 부르는 것을 뜻합니다.

구마라집이 『아미타경』을 먼저 번역했는지 『관음경』을 먼저 번역했는지 그 선후 관계는 명확하지 않지만, 한역 『관음경』의 번역을 언제 했는가 하는 점과는 별도로, 이미 범본 『아미타경』과 범본 『관음경』을 익숙하게 읽고 있었을 것으로 보입니다. 즉 『관음경』을 번역할 당시에 『아미타경』의 정보가 영향을 미쳤을 수 있겠다는 것입니다.

이러한 저의 추론이 타당한지 여부와는 별개로, 『관음경』의 경우 범본을 충실히 옮겼다면 관세음주의의 경전으로 성립할 수 있었다는 사항의 확인이 중요합니다. 따라서 지금부터라도 범본 『관음경』의 입장에 서서 한역 『관음경』을 다시 읽을 필요가 있습니다. 그리고 그것은 곧 관세음주의의 입장에서 『관음경』을 새롭게 읽는 일이 될 것입니다.

관세음보살의 활약상

고뇌의 해탈자

관세음보살의 이름을 듣고서, 그 이름에 의지하노라면 저절로 관세음보살의 이름을 부르게 됩니다. 입으로 부르게 됩니다. 그것이 염불입니다. 그 염불의 시작은 관세음보살입니다. 그렇기에 우리는 관세음보살 염불을 중생주의라고 보지 않습니다. 관세음주의라고 봅니다. 우리 몸과 우리 입은 그저 관세음보살의 명호가 통과하는 통로입니다. 마치 피리를 부는 사람이 따로 있고, 피리는 그 피리 부는 사람의 작용이 지나가는 통桶인 것과 마찬가지입니다.

따지고 보면, 그렇게 관세음보살의 이름을 '일심칭명'하는 일 역시 그 주체는 바로 관세음보살입니다. 우리는 그 뒤를 따라가는 것입니다. 그렇게 칭명염불은 관세음보살과 우리 중생들의 협주입니다. 그렇지만, 우리는 공동주의共同主義라고 하지 않고, 감사의 마음을 담아 그저 관세음주의라 말하는 것입니다.

그렇다면 관세음보살의 중생 제도는 어떤 모습일까요? 앞에서 살펴본 『관음경』의 과목 나누기(도표)에서는 대강 뒤의

'부연'이라 말하는 부분에 해당합니다.

　『관음경』에서는 부처님께서 '모든 고뇌(제고뇌諸苦惱)'라고 말씀하셨으나, 여기서는 세 가지 부류만을 듭니다. 바로 칠난·삼독·이구입니다. 이 중에 가장 전형적인 것은 칠난입니다. 그것은 다음과 같습니다.

　　①큰 불에 휩싸였을 때

　　②큰 물에 떠내려갈 때

　　③큰 바다에 들어갔는데, 가령 검은 바람이 불어서
　　　배가 나찰 귀신의 나라로 표류하게 되었을 때

　　④칼과 몽둥이에 해를 입으려 할 때

　　⑤야차와 나찰이 와서 괴롭힐 때

　　⑥칼과 족쇄를 차고서 몸이 묶여 있을 때

　　⑦험한 길을 가는데 도적이 해치려 할 때

모두 엄혹한 자연환경 속에서의 한계 상황이거나 폭력적인 상황, 야차夜叉(yakṣa, 악신)와 나찰羅刹(rākṣasa, 악마) 등 초현실적인 존재로부터 괴롭힘을 당하는 상황들입니다. 이러한 경우들은 모두 우리 인간의 힘으로는 대항하기 버거운 것들입니다.

　이에 비하면 삼독과 이구는 그 '긴급성'이랄지 재앙의 정도가 좀 떨어진다고 볼 수 있습니다. 『관음경』은 삼독의 첫째 탐욕을 오직 '성적인 욕망'으로만 해석하는 데에서 특이함을 보여줍니다. 근래 성범죄자들에게 화학적 거세를 시킨다/시켜야 한다고 논란이 일어나고 있습니다만, 『관음경』은 "언제나 관세음보살을 염하고 공경하는 것"이 훌륭한 치유책이 될수 있다고 말합니다. "언제나 관세음보살을 염하고 공경한다면 곧 욕망으로부터 떠날 수 있기" 때문입니다. 문제는 지금 성범죄자들에게 그러한 종교적 수행의 방법을 강제로는 부과할 수 없다는 점입니다. 진실로 대오각성하지 않는 이상, 그런 강제적 방법이 얼마나 의미가 있을지도 의문입니다. '상념常念'이나 '일심'은 진실로 당사자의 자발적 노력이어야 하기 때문입니다.

결국 『관음경』에서 '관세음보살'이라고 큰 목소리로 이름을 불러야 할 중생의 실례로서 칠난·삼독·이구를 열거하고는 있으나, 실제로는 삼독과 이구는 그다지 핍진한 것은 아닙니다. 다만 주목할 점은 관음신앙의 기원은 생명이 위태로울 정도의 '긴급 상황'이고, 그때 간절한 마음으로 '관세음보살'이라 이름을 부르는 일은 'SOS'라는 것입니다. 저는 이렇게 보고 있습니다.

수기해법隨機解法

『관음경』의 정종분 중 제2 문답이 끝나가는 부분에서 부처님은 다음과 같이 관세음보살의 정체성을 말씀하시면서, 우리들에게 관세음보살을 공양할 것을 부탁하고 있습니다.

그러므로 그대들은 마땅히 일심으로 관세음보살을 공양해야 하느니라. 이 관세음보살마하살은 두렵고 긴급한 어려움에 처한 중생에게 능히 두려움 없음을 베푸시기 때문이다. 그러므로 이 사바세계에서는 모두 '두려움 없음을 베푸시는 분(시무외자施無畏者, Abhayandada)'이라고 부르는 것이다.

긴급한 어려움에 처한 중생을 구제함으로써 두려움 없음을 베풀어 주시는 분이 관세음보살이라는 말씀입니다. 따라서 이러한 정의에 가장 적절하게 부합하는 사례는 '칠난의 구제자 관세음보살'일 것입니다.

그렇지만 칠난이라고 하는 생명이 걸린 긴급 상황만이 아니라, 『관음경』은 삼독과 이구를 함께 말하고 있습니다. 왜 그랬는지 알 수는 없습니다만, 아무래도 앞선 대강 부분에서 부처님께서 '모든 고뇌'를 말씀하셨기에 삼독과 이구까지 포괄되었던 것 같습니다.

그런데 중생들은 이러한 『관음경』의 말씀을 어떻게 읽었을까요? 그 '모든 고뇌'를 자신이 직면해 있는 고뇌를 가리키는 것으로 읽게 됩니다. 그래서 이제 중생들은 경전 안에서 들고 있는 사례들은 정말 말 그대로 사례일 뿐이라 생각하고, 자신들이 갖고 있는 고뇌와 고난을 모두 다 해결해 주시는 '구제자 관세음보살'을 그리게 되었던 것입니다. '모든 고뇌' 속에서 허우적대는 중생들 스스로의 입장에서 그렇게 관세음보살을 이해했던 것입니다.

엄격하게 따져 본다면, 경전의 의도와 수신자들의 수용 사이에는 약간의 차이가 있는 것도 사실입니다. 하지만 그것이 그리 중요한 것도 아닙니다. 중요한 것은 중생들이 고뇌하고 있다는 점이고, 고난에 처해 있다는 점입니다. 관세음보살의 입장에서는 차마 눈 뜨고 볼 수 없는 일입니다.

다만 예외가 있습니다. 원願 자체가 사악해서는 안 된다는 점입니다. 남에게 해를 끼친다거나, 남으로부터 부당한 이익을 얻는다든가 하는 것이어서는 아니 됩니다. 그러므로 "관세음보살은 즉시에 그 음성을 관찰하시고 모두 해탈을 얻게 하신다"라고 하는 말씀에 뒤이어서, 사실상 '다만 … 경우는 예외로 한다'라는 제한 조건이 붙는 것입니다.

『천수경』에서 "소원이 마음을 좇아서 이루어진다"라고 할 때, 그 '마음' 역시 망심妄心이나 욕심慾心이 아닌 진심眞心임을 알 수 있을 것입니다. 그래서 '일심'이라고 했을 때에도, 그 의미는 '한결같은 마음'이나 '간절한 마음'을 넘어 '진실한 마음'의 의미까지 포함되어 있는 것으로 보아야 할 것입니다. 비록 관세음주의라 하더라도, 최소한 이 정도의 노력마저 거부하거나 부정하는 것은 아닙니다. 그것이 또 도리에도 맞지 않겠습니까?

놀라운 『관음경』

언제였던가 기억나지는 않습니다만, 동국대 법당인 정각원에서 세 번에 걸쳐서 『관음경』 강의를 한 적이 있습니다. 『관음경』을 교재 삼아 읽어가며 강의한 것은 그때가 '처음'이었습니다.

그러고 보면, 절이나 법회나 불교교양대학 같은 데서 열리는 『관음경』 강좌를 접하기가 희귀합니다. 잘 들어보지 못했습니다. 관세음보살 기도는 많이 하는데, 정작 그 이야기가 어떤 맥락 속에서 설해진 것인지에 대해서는 그다지 관심이 없어서인지도 모르겠습니다. 혹은 그저 관세음보살 칭명만 하면 된다고 생각해서인지도 모릅니다.

제가 번역한 우리말 『관음경』(제8장 수록)을 교재로 삼아 강의를 하면서, 저 스스로도 새삼스럽게 놀란 바가 있었습니다. 놀라운 말씀을 두 군데 발견하였기 때문입니다. 그 이야기를 회향廻向하고자 합니다.

양성평등

먼저 양성의 평등에 대한 이야기입니다. 『관음경』은 관세음보살이 고난과 고뇌에 처한 중생들을 구제해 주는 이야기를 하는 경전입니다. 어떤 고난일까요? 앞서 말씀드린 것처럼 칠난, 이구, 그리고 삼독을 예로 들고 있습니다. 그러한 상황에 처한 중생들이 관세음보살의 이름을 왼다면, 곧 구제해 주신다고 하는 것입니다.

이 중에서 제가 놀란 것은, 바로 이구와 관련합니다. 그 문장을 읽어보기로 하지요.

만약 어떤 여인이 가령 아들을 낳고자 하여 관세음보살을 예배하고 공양한다면 곧 복이 있고 지혜로운 아들을 낳게 될 것이다. 가령 딸을 낳고자 하여 [관세음보살을 예배하고 공양한다면] 곧 단정하고 예쁜 딸을 낳으리니, 일찍이 덕의 뿌리를 심었으니 많은 이들이 사랑하고 존경하게 될 것이다. 무진의보살이여, 관세음보살에게는 이러한 힘이 있느니라.

실제 오늘날에도 불임의 고통을 겪고 있는 부부들이 적지 않습니다. 의학의 도움을 받아서 아기를 얻기도 합니다만, 적지 않은 어려움이 있을 것입니다.

그런데 과거의 기혼 여성들은 아이를 못 낳으면, 특히 아들을 못 낳으면 칠거지악七去之惡으로 치부되기도 하고 남편이 다른 여자를 들이는 것을 말없이 지켜보아야 했습니다. 말할 수 없는 고통이었을 것입니다. 그런 시대가 있었습니다.

『관음경』은 산스크리트 사본이 있는 것으로 보아 인도에서부터 성립된 경전입니다. 인도에서도 그렇지만, 중국으로 건너오면 더욱더 남아선호 사상이 자심滋甚하게 됩니다. 그래서 그런 분들에게는 이 말씀이 큰 힘이 되었을 것입니다.

실제로 관세음보살의 명호를 불러서 영험을 얻은 이야기를 모아놓은 영험집 등을 보면, 비슷한 이야기들이 적지 않습니다. 최근에 고려 때 나온 『법화영험전法華靈驗傳』이라는 책을 읽었습니다.◆ 그런데 어쩌면 시대 배경 상 당연한 일이겠지만, 신기하게도 이 『영험전』에는 오직 아들을 얻은 이야기만 있었습니다.

『관음경』에는 딸을 원해서 관세음보살을 예배하고 공양한다면 딸을 얻을 수 있다고 나오지만, 실제로 현실에서 (중국이나 우리나라에서나) 딸을 얻는 일은 절실한 소원으로 존재하지는 않았던 것 같습니다. 옛날에는 그랬을 것입니다.

바꾸어 말씀드리면, 현실은 그러했을진대 『관음경』의 입장은 오히려 시대상을 훨씬 앞섰다고 하는 것입니다. 현재의 관점에서 보더라도 양성평등의 입장이 제시되어 있습니다. 시대를 앞선 관점이 제시되어 있었던 것입니다.

◆ 고려 말기의 승려 요원(了圓)이 편찬한 책. 『법화경』을 암송·필사·강설함으로써 생긴 온갖 영험의 실례를 다뤘다.

재물공양과 법공양의 평등

또 하나는 재물공양(재시財施)과 법공양(법시法施)의 평등입니다. 우리는 온 누리 가득 일곱 가지 보배를 다 채우고 그것을 다 보시할 때 발생하는 공덕보다도, 한 마디의 부처님 법을 전해 주는 것이 더 공덕이 크다고 늘 들어왔습니다. 맞는 이야기입니다.

재물공양의 재물은 유한한 것이어서 곧 없어지지만, 법공양으로 얻은 법은 영원히 없어지지 않고 우리를 해탈과 열반으로 이끌기 때문에 그렇게 말씀하셨을 것입니다. 또 이렇게 말씀하시는 까닭은, 세속 사람들이 재물에만 집착하고 법을 닦으려는 마음을 일으키지 않을 것을 염려해서였을 것입니다. 그래서 법공양의 실천을 강조하는 것입니다.

그런데 말입니다. 『관음경』에는 그와 다른 이야기가 설해져 있습니다. 이렇게 말입니다.

"무진의보살이여, 어떤 보살이 62억 항하사나 되는 보살의 이름을 받아 지녀서 목숨이 다하도록 음식·의복·침구·의약을 공양한다고 하자. 너는 어떻게 생각하느냐? 이렇게 하는 선남자 혹은 선여인의 공덕이 많겠느냐?"
무진의보살이 대답하였다. "매우 많습니다. 세존이시여!"
부처님께서 말씀하셨다. "또한 어떤 사람이 관세음보살의 이름을 받아 지니고 또 한 번이라도 예배하고 공양한다면, 이 두 사람의 복은 정히 같아서 다름이 없을 것이다."

아, 여기 『관음경』에서는 법공양의 공덕도 한없이 크지만 재물공양의 공덕 역시 크다고 말합니다. 그 양자 사이에는 우열이 없다는 것입니다. 똑같다고, 동등한 가치를 부여하고 있습니다.

이는 분명히 진일보한 관점이라고 하겠습니다. 보기에 따라서는, 어쩌면 법공양보다는 재물공양이 더욱더 공덕이 크다고 말할 수도 있기 때문입니다. 생각해 보시지요. 법공양을 한다는 것은 법을 안다는 것이 전제가 됩니다. 내가 법을 공부해서 알았습니다. 그러면, 그 법을 다른 사람들에게 나누어 주는 일은 크게 어렵지 않습니다. 너무나 자연스럽게 그렇게 하게 됩니다. 대표적인 예가 바로 석가모니 부처님입니다. 그렇게 자연스럽게 중생 제도로 나아가도록 하는 것이 바로 법, 그 자체의 성질입니다.

그러나 재물공양은 그렇지 않습니다. 나의 재물을 남에게 나누어 주고, 부처님께 공양을 올리는 데는 여러 장벽이 있습니다. 장애가 있습니다. 그 장애물을 넘어야 합니다. 어떤 장애일까요? 우선 나의 재물에 대한 집착입니다. 이 집착을 버리고서 하는 행위가 재물공양입니다.

그러니까, 어려운 일을 행하는 것이 쉬운 일을 행하는 것보다 더욱 공덕이 크다고 볼 수 있지 않나 하는 것입니다. 그렇다면 우리 중생들이 강하게 집착하고 있는 재물에 대한 욕망을 조금이라도 줄이면서 행하는 재물보시나 공양에 더 큰 칭찬과 격려가 필요하다는 생각입니다.

제가 지금 해석한 것과 같은 수준은 아니지만,『관음경』은 적어도 그 양자가 평등하게 공덕이 크다고 설하고 있습니다. 그런 점에서 저는 이『관음경』의 말씀에 놀라게 됩니다. 상당히 현실을 반영하여 사색했던 결과, 그런 말씀이 토로되어 있는 것으로 생각되기 때문입니다.

이렇게『관음경』을 읽고 강의하면서 저는 새삼 놀랐습니다. 지금 든 두 가지 사례에서 볼 수 있듯이『관음경』에는 시대를 넘어서는, 시대를 앞서는 선진적인 사상이 이미 담겨 있습니다. 문제는 지금까지 그것을 우리가 알아채지 못했다는 점에 있을 뿐입니다. 그래서도『관음경』은 '놀라운『관음경』'이 아닌가 생각됩니다.

희명의 노래

관세음보살이 중생을 향해서 흔드는 깃발에는 '소원을 말해
봐'라고 적혀 있습니다. '이름을 불러 봐'라고 적혀 있는 깃발
도 있습니다. 이 깃발들을 보고서, 수많은 중생들이 소원을 사
뢰었습니다. 지금 이 순간에도 많은 중생들이 소원을 사뢰고
있습니다. 아니, 언제나 어디서나 우리 마음은 그러한 소원들
로 가득 차 있습니다. 수많은 중생들이 소원을 사뢰었기에, 또
수많은 중생들의 소원이 이루어지기도 하였습니다.

　이러한 소원 성취의 이야기들을 '영험담靈驗譚'이라 말합
니다. 과거로부터 오늘에 이르기까지, 중국 · 한국 · 일본 등
동아시아 불교권에서는 많은 영험담들이 기록으로 전해지고
있습니다. 그 이야기들을 들은 사람들은 또 '관세음보살' 이름
을 외기 시작합니다.

　여기서는 제 마음속 깊이 남아 있는 이야기를 말씀드릴까
합니다. 저로서는 가장 감명 깊었다고 할까요? 자주자주 마음
속으로 되새겨 보는 영험담입니다. 일연一然(1206~1289) 스님
의『삼국유사』에 기록되어 있는 우리나라 이야기입니다.

　통일 신라 경덕왕 때에 서라벌의 한기리漢岐里라는 마을

에 희명이라는 이름의 여인이 살고 있었습니다. 여인에게는 아이가 하나 있었습니다. 그런데 이게 무슨 일입니까? 그 아이가 다섯 살이 되었는데, 갑자기 앞을 볼 수 없게 되었습니다. 밝음을 잃어버린 것입니다. 아직 어린 아이도 아이지만, 어쩌면 그 이상으로 어머니의 마음이 말이 아니었을 것입니다. 하늘이 무너지고 땅이 꺼지는 일이었을 것입니다.

사실 우리는 살아가면서 누구나 늙고 병들게 됩니다. 늙음과 병은 삶의 현실이자, 죽음을 가리키는 징조입니다. '죽음이 다가오고 있다', '죽음을 준비하라'는 아미타불의 전언傳言일 터입니다. 늙고 병들어가는 과정에서 여러 가지 신체적 부자유가 초래됩니다만, 앞을 못 보게 되는 일 역시 형언할 수 없는 불편을 가져다 줄 것입니다.

늙어가면서 자연스럽게 찾아오는 질병이라 하더라도 그것을 받아들이고 적응해 간다는 것이 쉬운 일은 아닐 것입니다. 그런데 다섯 살 아이라니, 아이의 고통은 물론 그 어머니의 마음 역시 매우 고통스러울 것임은 두말할 나위가 없습니다. '차라리 내가 대신할 수 있다면' 싶을 것입니다. 차라리 바꾸어 그 짐을 짊어질 수 있다면, 대신 고통을 받고 싶은 것(대수고代受苦)이 어머니 마음입니다.

당시 동양 의학의 기술로서는 사람이 왜 갑자기 앞을 못 보게 되는지 알 수 없었습니다. 병을 고친다거나, 다른 사람의 망막 같은 것을 이식받는 일은 꿈도 꾸지 못할 시절이었습니다. 희명이 '아, 정녕 길은 없는 것일까?' 하고 절망에 빠져들

즈음, 누가 이런 이야기를 해줍니다.

관세음보살님께 기도드려 보세요. 『관음경』에서는 우리 중생들이 여러 가지 고뇌를 받고 있을 때, 일심으로 '관세음보살' 이름을 일컫는다면 관세음보살이 즉시에 모든 고난에서 벗어나게 하리라 말씀하시고 있습니다. 그뿐만 아니라, 천수천안관세음보살님은 손이 천 개 눈도 천 개라 하지 않습니까?

귀가 활짝 트이고, 눈이 번쩍 뜨이는 말씀이었습니다. 아, 길은 있었던 것입니다. 희명은 바로 어린 아이를 안고 분황사를 찾아갑니다. 지금은 남아 있지 않습니다만, 당시에는 법당의 북쪽 벽에 천수천안관세음보살이 그려져 있었다고 합니다.

희명은 천수천안관세음보살님께 엎드려 절한 뒤, 다음과 같은 기도문을 지어서 딸아이로 하여금 따라 외게 했습니다. 흔히 「도천수관음가禱千手觀音歌」 혹은 「도천수대비가禱千手大悲歌」로 불리고 있습니다.

[오른쪽] 무릎을 [땅에] 대고
두 손바닥을 모아
천수관음 앞에 비옵나이다
일천 손과 일천 눈
하나를 내어 하나를 덜기를

둘 다 없는 이 몸이오니
하나만이라도 주시옵소서
아아!
나에게 주시오면
그 자비 얼마나 크실 것인가

그리하여 희명의 딸은 밝음을 회복했다는 것입니다. 이 노래
는 한자를 빌어서 신라의 말을 표기하는 방식인 향찰鄕札로
기록되었습니다. 위에 인용한 번역은 누구의 번역인지 잊었습
니다만, 첫 행은 제가 좀 고쳤습니다. 특히 마지막 행에 대해서
는 번역이 다양합니다. 저는 일단 여기서 '그 자비 얼마나 크실
것인가'를 채택한 번역을 취하였습니다.

　이 영험담에서 중요하고도 감동적인 것은 "천수천안관세
음보살은 손이 천 개다, 눈이 천 개다"라고 하는 것을 글자 그
대로 믿는 마음입니다. 그렇게 믿는 마음에는 추호의 의혹도
없습니다. '있을까, 없을까' 의혹하는 마음은 '하나가 되는 마음
(一心)'이 아닙니다. 진실로 믿었습니다. 믿었기에 이루어졌습
니다.

　그 여인의 이름으로 알려진 '희명希明' 역시 '밝음을 희구
한다'라는 뜻입니다. 그러한 밝음이 담겨 있는 것이 '관세음보
살'이라는 이름이라고 『관음경』은 말합니다. 그리고 그 이름
으로 상징되는 관세음보살을 지극한 마음으로 믿고 의지하는
마음에서 우리는 고난을 넘어가는 힘을 얻게 됩니다.

새로 읽는
『관음경』

중송의 구조 재정리

부처님의 설법은 먼저 산문으로 서술된 뒤, 다시 한번 더 운문
(시)으로 그 내용을 요약·정리한다고 앞서 말했습니다. 『관음
경』 역시 장행 이후에 중송이 나옵니다.

사실 『관세음보살』에서는 중송 부분에 그다지 초점을 두
지 않았습니다. 하지만 이 책에서는 중송을 집중적으로 살펴
보았습니다. 모두 33송인데, 다음과 같이 세분해서 볼 수 있습
니다.

> 무진의보살의 질문 : 제1송
> 부처님의 대답 : 제2~19송
> (경전 편집자의 정보제공 : 한 문장)
> 무진의보살의 찬탄 : 제20~26송
> (번역이 누락된 게송) : 제27~33송

현재 전해지는 구마라집 번역 『관음경』은 제26송으로 끝납니
다. 하지만 범본을 확인한 결과 제27송부터 제33송까지가 더
있었습니다. 구마라집이 무슨 이유에서인지는 몰라도, 그 부

분의 번역을 누락시켰던 것을 알 수 있습니다. 저는 그 부분이 새롭게 보완되어야 한다고 봅니다. 그때 비로소 우리가 '완본 『관음경』'을 읽을 수 있고, 그에 의지하는 신앙생활을 할 수 있다고 생각하기 때문입니다. 이에 대해서는 이 장의 제5절(『관음경』 중송에서 번역이 누락된 부분)에서 다시 상세하게 살펴보기로 하고, 여기서는 현재 전해지는 스물여섯 송에 대해서만 생각해 보겠습니다.

위의 도표와 같이 중송의 전체 스물여섯 송을 세 부분으로 나누어 볼 때, 다소 이상한 느낌이 드는 것도 사실입니다. 앞에서 설명한 것처럼 '중송'이라는 말 자체가 앞서 부처님께서 설법하신 내용을 다시 요약·정리하는 것이라면, 무진의의 질문에 대한 부처님의 대답이라는 구조로 끝나야 할 것이기 때문입니다. 그렇게 되면 중송의 구조를 나타내는 도표는 그저 '무진의보살의 질문(제1송)'과 '부처님의 대답(제2~26송)'으로만 이루어졌을 것입니다. 실제로 종래에는 그렇게 이해되어 왔습니다. 그러나 그렇게 생각한 이유는, 사실 구마라집이 번역한 한역 『관음경』의 제19송과 제20송 사이에서 화자가 바뀐다는 정보가 제공되어 있지 않았기 때문입니다. 제19송과 제20송을 한문으로 읽어봅니다.

종종제악취種種諸惡趣
지옥귀축생地獄鬼畜生
생노병사고生老病死苦

이점실령멸以漸悉令滅

진관청정관眞觀淸淨觀

광대지혜관廣大智慧觀

비관급자관悲觀及慈觀

상원상첨앙常願常瞻仰

이렇게 이어지고 있기에, 제2송에서 제26송까지 전체가 다 부처님의 대답인 것처럼 이해하고 맙니다. 그러나 다행히 우리에게는 범본『관음경』이 전해지고 있습니다. 그 사실은 가피이자 축복입니다. 범본에서는 다르게 보아야 함을 알려주고 있어서입니다.

　범본『관음경』에는 제19송과 제20송 사이에 "그때 실로 무진의보살은 기쁨으로 가득 찬 마음으로 이러한 시(gāthā)를 읊었다."라는 말이 나옵니다.✦ 저는 이를 반영하기 위하여 제8장에 수록한 「완본『관음경』의 우리말 옮김」에서, 제19송이 끝나고 제20송을 시작하기 전에 '무진의보살의 관세음보살 찬탄'이라는 소제목을 달았습니다. 그러면서 그 소제목 바로 아래에, 다음과 같이 범본의 말씀을 적어두었습니다.

　　[그때 실로 무진의보살은 기쁨으로 가득 찬 마음으로 이러한 시(gāthā)를 읊었다.]

✦　　atha khalu akṣayamatir hṛṣṭa-tuṣṭa-manā imā gāthā abhāṣata

232

그리고 앞에서 제시한 중송의 구조를 나타내는 도표에서도 제19송과 제20송 사이에 '경전 편집자의 정보제공을 위한 한 문장'이 있었다는 점을 표시해 주었던 것입니다.

현재 전해지는 구마라집 번역의 『관음경』은, 앞의 도표에서 제가 괄호를 활용하여 넣은 두 번의 정보 제공이 없다고 생각하면 그 범위가 이해될 것입니다. 그런데 문제는 그것만으로는 중송의 내용 모두가 마치 '부처님의 말씀'인 것으로 오해될 수 있다는 점입니다. 이제 중송의 구조를 재정리함으로써, '부처님의 말씀'과 '무진의보살의 찬탄' 부분이 명확하게 구분되었습니다.

다음 절부터 서술하게 될 중송에 대한 여러 가지 이야기를 이해함에 있어서도 이러한 구조의 이해가 선행되어야 합니다.

중송 중 제4송의 오역 수정

구마라집이 번역한 『관음경』의 중송 중 제4송은 다음과 같습
니다.

아위여약설我爲汝略說
문명급견신聞名及見身
심념불공과心念不空過
능멸제유고能滅諸有苦

이를 저는 『관세음보살』에서 다음과 같이 번역했습니다.

내 이제 그대를 위하여 간략히 설하노니
[관세음의] 이름을 듣고 [관세음의] 모습을 보고서
마음으로 끊임없이 염한다면
능히 모든 고뇌를 소멸할 수 있으리라.

한문도 크게 어려워 보이지 않는데, 아래 두 줄에서 오역을 내
고 말았습니다. 어쩌면 저만 그런 것이 아닐지도 모릅니다. 독

자들께서도 이미 『관음경』이나 『법화경』의 우리말 번역본을 많이 갖고 계시리라 봅니다. 제가 지금 '오역'이라고 말씀드리는 부분이 종래의 번역본들에서는 어떻게 번역되었는지를 한번 확인해 주시는 것도 좋으리라 봅니다.

세월이 흘러서야 제가 이 게송을 정확히 번역하지 못하였음을 깨닫게 되었습니다. 그것은 한문 자체가 어려워서가 아니라, 한문의 이면을 읽지 못해서였습니다. 이제 왜 그런 오역이 발생했는지 살피고자 합니다. 그것이 바로 『관음경』을 깊이 이해하는 길이기 때문입니다.

우선, 수정된 새로운 번역부터 제시하고자 합니다.

내 이제 그대를 위하여 간략히 설하노니
[관세음의] 이름을 듣고 [관세음의] 모습을 보며 마음으로 [칭]념한다면,
[관세음보살께서는] 그 사람들을 [제도하는 데 한 사람도] 그냥 지나칠 일이 없을 것이며
능히 모든 [고통을 부르는] 원인과 고통을 소멸하시리.

저의 두 번역을 잘 대조해 본다면, 두 가지 점에서 오역이 발생했음을 알 수 있습니다. 첫째는 제3구의 번역에서 주어가 누구냐 하는 것입니다. 『관세음보살』에 수록된 번역에서는 주어를 '중생'으로 보았습니다. 중생주의의 관점에서 그렇게 본 것입니다. 하지만, '관세음보살'이 주어라는 점을 이번에 알게

되었습니다. 그 점을 분명히 하기 위하여 새로운 번역에서는 대괄호 속에 '관세음보살께서는'이라는 말을 넣어주었습니다. 둘째는 제4구의 번역에서 '유有'를 누락했는가, 누락하지 않았는가 하는 점입니다.

오역을 깨닫게 된 과정

『관세음보살』 수록의 번역이 오역이었음을 발견하게 된 경위를 말씀드리고자 합니다. 인도에서 대승불교를 크게 선양한 천친天親(세친世親; Vasubandhu)보살의 저서 중에 『무량수경우파제사원생게無量壽經優婆提舍願生偈』라는 제목의 책이 있습니다. 줄여서 『정토론』, 혹은 『왕생론』이라고 하지요. 정토불교에서는 매우 중시됩니다.

『정토론』은 『무량수경』의 내용에 근거하여 극락에 왕생하고자 하는 발원을 시의 형식으로 먼저 노래합니다. 이 시를 「원생게願生偈」라고 합니다. 네 구를 한 송으로 해서 헤아리면, 모두 스물네 송(24행) 분량입니다. 한 구에 다섯 자씩입니다. 그런 뒤에 산문으로 시에 대하여 해설하는 부분이 이어집니다. 「원생게」를 총설분總說分이라 하고, 뒤에 이어지는 산문 부분을 해의분解義分이라고 합니다. 「원생게」에서 총론적으로 설한 내용의 의미를 해석하였기 때문입니다. 이 두 부분, 즉 「원생게」와 해설 부분을 합하여 『정토론』이라 부릅니다.

「원생게」 중 제19송의 해석에서 저는 중요한 힌트를 얻었습니다. 먼저 한문 원문으로 읽어보겠습니다.

관불본원력觀佛本願力
우무공과자遇無空過者
능령속만족能令速滿足
공덕대보해功德大寶海

제2구의 "우무공과자"라는 구절이 낯익지 않습니까? 그렇습니다. 바로 『관음경』 중송 중 제4송의 3구 '심념불공과'라는 구절이 떠오를 것입니다. '우무공과자'라고 할 때, '만날 우遇'라는 한자가 동사로 쓰였는데, 그 목적어는 무엇일까요? 한문 문장의 표면으로만 보면 자칫 앞 구절에 나오는 '부처님의 본원력'이라 보기 쉽습니다. 그렇게 본다면, 그 뒤에 나오는 "능령속만족"이라는 구절에 나타나 있는 동사 '만족'을 갖는 주어(주체)가 바로 중생 자신이 됩니다. 즉 '부처님의 본원력을 관찰하는' 중생이, 그러한 본원력을 '만나고서 헛되이 보내지 않았기에' 능히 큰 보배 공덕의 바다를 만족하게(채우게) 된다는 이야기입니다.

　　문제는 이렇게 되면, 큰 보배의 공덕으로 바다를 가득 채울 존재는 중생이 됩니다. 전형적인 '중생주의'의 입장에서 이해하게 되는 것입니다. 저 역시도 『관세음보살』에서 『관음경』 중송 중 제4송의 '심념불공과'를 옮길 때, 그렇게 이해해 왔습니다.

　　그러나 그런 뜻이 아닙니다. 이 점을 분명히 하기 위하여,

「원생게」에서 '관불본원력'과 '우무공과자'의 주어가 다르다는 점에 주목해야 합니다. '관불본원력'의 주어는 중생이고, '우무공과자'의 주어는 아미타불입니다. 하나의 게송 안에서 주어가 바뀐다는 점, 바뀔 수 있다는 점을 통찰하지 못해서 오역이 생겼던 것입니다. 좀 더 분명하게 표현해 주었더라면 좋았을 것입니다만, 한문으로 시를 번역하면서 한 구절에 다섯 자라는 자수字數의 한계가 있었기 때문에 오해하기 쉬운 번역이 되었을 것으로 생각됩니다.

아미타불의 마음, 아미타불의 본원을 깊이 생각해 볼 수 있다면, '우'라는 동사의 주어는 중생이 아니라 바로 아미타불임을 알아챌 수 있습니다. 앞 구절 '관불본원력'에서는 주어였던 중생이, 이제 '우무공과자'에서는 주어가 아니라 '숨어 있는 목적어'가 됩니다.

이 점은 사실 『정토론』에서 천친보살 스스로 제19송을 "장엄불허작주지공덕성취莊嚴不虛作住持功德成就"라고 평가했던 데에서 이미 밝혀져 있었던 것입니다. '불허작'이라는 말은, 아미타불께서 행하시는 중생구제가 아무런 보람 없이 허사가 되는 일은 없다. 공과空過, 즉 헛되이 지나쳐 버리는 것은 없다는 뜻입니다. 이제 위에서 인용한 「원생게」 제19송의 올바른 번역을 제시하겠습니다.

부처님의 본원력을 관찰해 보니,
[아미타불은 누구를] 만나든지 [제도하지 않고] 헛되이 지나치

238

는 법이 없으셔서

속히 공덕의 보배 바다를

가득 차게 하셨네.

역시 제2구의 주어를 분명히 하기 위하여, 대괄호 속에 '아미타불은 누구를'이라는 말을 넣어주었습니다.

범본 『관음경』의 경우

감사하게도 『관음경』의 경우에는 범본에서 해당 부분이 어떻게 되어 있는지 대조해 볼 수 있습니다. 사실 『관세음보살』에서도 번역이 어려운 곳에서 부분적으로 범본을 대조해 보기는 했습니다만, 제4송이 그렇게 어렵게 느껴지지 않았기에 참조하지 않았습니다. 그런 오류가 있었던 것입니다.

그러나 이제는 범본을 외면할 수 없습니다. 일단, 설명의 편의를 위하여 범본을 번역해 보겠습니다. 이어지는 설명을 읽을 때 도움이 되도록 범어 문장도 함께 제시합니다. 범어 문장은 본래 두 줄로 이루어져 있지만, 이해를 돕기 위해 한국어 번역에 맞추어 네 줄로 나눴습니다.

Śravaṇo atha darśano pi ca

anupūrvaṁ ca tathā anusmṛtiḥ

Bhavatīha amogha-prāṇinām

sarva-duḥkha-bhava-śoka-nāśakaḥ

[중생이 관세음보살의] 명호를 듣고 [그 모습을] 보며,

또한 그와 같이 순차적으로 수념隨念한다면,

[관세음보살은] 이 세상에서 중생들을 [제도하지 않고]

지나치지 않으며,

모든 괴로움과 [괴로움의] 원인에서 오는 슬픔을

소멸하는 자 되리라.

범본의 제3구에 복합어(amogha-prāṇinām) 하나가 나옵니다. 이
복합어의 경우에는 해석할 때 하나의 원칙이 있습니다. '…을
지니는'이라는 뜻이 들어가게 해석해야 하는데, 복합어 자체
의 품사는 형용사입니다. 즉 복합어는 복합어 단어 밖에 있는,
같은 문장 안에 있는 어떤 명사를 수식하는 역할을 한다는 이
야기입니다. 형용사이기 때문입니다. 'amogha'는 '헛되이 하
지 않는'이라는 뜻이고, 'prāṇinām'은 '사람들'입니다. 그러니,
'사람들을 헛되이 하지 않는'이라는 말입니다. 이 단어로부터
수식받는 것은 바로 제4구에 나오는 명사 'nāśakaḥ'이니, 곧
'…을 소멸하는 자'입니다. 물론, 그 소멸하는 자는 곧 관세음
보살이겠지요.

　　그러므로 범본 제3구의 뜻을 감안해 보면, '무공과'는 중생
들이 수행을 하면서 빠뜨리는 것이 없게 한다는 뜻이 아님이
분명해집니다. 제4구에 나오는 명사 '…을 소멸하는 자'가 중
생일 수 없기 때문입니다. 관세음보살이 중생의 고통을 제거해

준다고 해석할 때, 즉 관세음보살은 중생들의 고통을 소멸하는 자라고 해석할 때, 비로소 『관음경』의 대강에 표명되어 있는 것처럼 구제자로서의 관세음보살이 확립되는 것일 터입니다.

다음 제4구의 해석입니다. 저는 『관세음보살』에서 한자 '능멸제유고能滅諸有苦'의 '유'라는 글자를 옮기지 않았습니다. 어쩌면 어떻게 옮겨야 좋을지 몰라서 생략했던 것인지도 모릅니다. 이 '유'는 두 가지로 번역될 가능성이 있습니다.

첫째는 중생이라는 뜻입니다. 이런 의미로 파악한다면, '능멸제유고'는 '모든 중생들(諸有)의 고통을 소멸하리라'로 옮길 수 있을 것입니다.

둘째는 십이인연十二因緣의 유, 즉 '무명 → 행 → … → 유 → 생生 → 노사우비고뇌老死憂悲苦惱'라고 할 때의 '유'로 보는 것입니다. 이때의 '유'는 일단 장차 생·노·병·사를 불러일으키는 '원인'으로 파악해도 좋지 않은가 싶습니다.

저는 둘째 의미로 이해하는 것이 옳다고 봅니다. '유'의 전후에 각기 '괴로움'과 '슬픔'이 나오기 때문입니다. 범본의 제4구 "sarva-duḥkha-bhava-śoka-nāśakaḥ"는 '모든(sarva) 괴로움(duḥkha)과 (고통의) 원인(bhava)이 (불러일으키는) 슬픔(śoka)을 소멸하는 자(nāśakaḥ)'라고 옮길 수 있습니다. 범본에 나오는 '슬픔'이라는 말이 구마라집의 한역에서 누락되었습니다. 그래서 이 책에서는 제4구를 '능히 모든 (고통을 부르는) 원인과 고통을 소멸하시리.'라고 옮겼던 것입니다.

241

제20송, 관세음보살의 눈

중송 제20송의 경우에는 그 의미를 좀 더 깊이 천착해 볼 필요가 있다고 생각됩니다. 우선, 한문 원문을 읽어보겠습니다.

진관청정관眞觀淸淨觀

광대지혜관廣大智慧觀

비관급자관悲觀及慈觀

상원상첨앙常願常瞻仰

'볼 관觀'이라는 글자가 다섯 번 나옵니다. 그래서 '오관게五觀偈'라고도 불립니다(공양할 때 외는 게송에도 '오관게'라는 것이 있습니다만, 완전히 별개의 게송입니다). 그런 점이 일반적인 게송의 형식과는 좀 다릅니다. 일반적인 게송이라면 '기起 → 승承 → 전轉 → 결結'의 형식으로 내용이 전개됩니다만, 제20송은 그렇지 않습니다. '관'이라는 글자가 나오는 다섯 구절이 모두 앞부분, 즉 1구에서 3구까지 다 모여 있습니다. 그렇게 해 놓고, 마지막 4구에서 '상원상첨앙'이라는 말이 이어집니다.

저는 이러한 구조를 생각하며 『관세음보살』에서는 다음과 같이 옮겼습니다.

진실한 눈, 청정한 눈,
광대한 지혜의 눈
연민의 눈, 사랑의 눈[을 가지신 분이니]
항상 원하며 항상 우러러 보아야 하리라.

사실, 저의 이러한 번역은 범본 『관음경』을 참조한 것입니다. 저는 대괄호 속에 "을 가지신 분이니"라는 말을 넣음으로써, 그분이 곧 '관세음보살'임을 암시하고자 했습니다. 즉 '항상 원하며 항상 우러러보는' 대상은 곧 관세음보살이라고 이해했던 것입니다.

만약 범본을 참조하지 않고서 한문만을 두고서 옮긴다면, 다음과 같이 번역될 수도 있을 것입니다.

진관·청정관
광대지혜관
비관·자관을
항상 원하며 항상 우러러볼지어다.

한문만을 고려해서 옮기면 "항상 원하며 항상 우러러볼" 대상은 진관 등의 오관이 되어 버립니다.

동사 '원하다'와 '우러르다'의 목적어는 무엇일까요? 비록 숨어있지만, 관세음보살일까요? 아니면 문장에 이미 드러나 있는 오관일까요? 한역 『관음경』은 이 문제의 판단 근거를 갖고 있지 않습니다. 다행히 우리에게는 범본 『관음경』이 있습니다. 그래서 범본을 살펴볼 필요가 있는 것입니다.

여기서 범본 제20송의 우리말 번역을 제시해 봅니다.

śubha-locana maitra-locanā

prajñā-jñāna-viśiṣṭa-locanā

kṛpa-locana śuddha-locanā

premaṇīya sumukhā sulocanā

아름다운 눈을 지닌 [분], 사랑스런 눈을 지닌 [분],

지혜와 지식이 탁월한 눈을 지닌 [분],

연민의 눈을 지닌 [분], 청정한 눈을 지닌 [분],

좋은 얼굴을 지닌 [분], 좋은 눈을 지닌 [분]이시니, 사랑받게 되리라.

한역 『관음경』에서 '관觀'이라 했던 말은 범본의 '로짜나locanā'임을 알 수 있습니다. 범어로 '눈(眼)'을 뜻하는 단어입니다. 이 범어의 '눈'이라는 말을 구마라집은 '관'으로 번역했던 것입니다.

문제는 그럼으로써 자칫 또 다른 오해를 불러일으킬 수 있었다는 점입니다. 진관, 청정관, 광대지혜관, 비관, 자관 등을 어떤 관법觀法의 일종으로 오해할 수도 있을 것이기 때문입니다. 현재 '자비명상'이라는 명상이 있는 것처럼, 비관과 자관을 명상수행으로 생각할 수 있습니다. 만약 그렇게 관법, 내지 명상의 의미로 보게 되면, 그 명상의 주체는 다시 중생이 됩니다. 그 결과 『관음경』 안에 중생주의에 입각한 명상수행이 설해져 있는 것으로 오해할 수도 있다는 것입니다. 하지만 범본을 통해서 '관'이라는 말이 원래 '눈'이라는 의미였음을 알게 된다면, 그러한 오해를 미연에 방지할 수 있습니다.

그다음으로 해결할 문제는 바로 진관 등 오관이 '상원상첨앙常願常瞻仰'의 목적어인가, 아니면 숨어있는 주어를 설명하는 서술어인가 하는 점입니다. 이 문제에 대한 해답 역시 범본이 제공해 주고 있습니다만, '지닌' 혹은 '지니는'이라는 의미의 말이 등장한다는 점부터 주목해 볼까요? 이 말은 어디에서 왔을까요?

범어 문법에서 '자관' 등 오관은 모두 A+B의 형식으로 이루어진 복합어입니다. 그러한 복합어를 해석할 때는 여섯 가지 방식이 있습니다. 이를 '육합석六合釋'이라 합니다. 그중에 같은 문장 안의 다른 단어를 꾸며주는 형용사 역할을 하는 것으로 보아야 하는 경우가 있습니다(앞의 제4송의 '무공과'를 말할 때, 범어 단어 'amogha-prāṇinām' 역시 이러한 구조였습니다). 이러한 복합어를 육합석 중에서 '유재석有財釋'이라고 합니다. '유재'라는 말에 '소유'의 의미가 들어있지 않습니까? 따라서 이 복합어를 유재석(소유복합어)으로 번역할 때는 '지닌' 혹은 '지니는'을 함께 넣어주어야 합니다.

오관 역시 그렇게 해석해야 합니다. 유재석으로 말입니다. 예컨대, '자관'은 범어로 '마이트리 로짜나maitra-locanā'입니다. '마이트리'는 '사랑'이라는 말이고, '로짜나'는 '눈'입니다. 그런데 이 두 단어로 이루어지는 복합어를 해석할 때는 '-을 지니는'이라는 뜻을 넣어서 옮겨야 한다고 했습니다. 그러니 '사랑스런 눈을 지닌 (분)'으로 옮겨야 합니다. 괄호 속의 '분'이라는 피수식어는 그 문장 안의 다른 단어를 가리킵니다.

그런 식으로 해석해야 할 복합어가 범본에서는 여섯 번 나옵니다만, 그것을 하나 생략하여 오관으로 줄인 것은 역자 구마라집의 재량이었을 것입니다.

마지막으로, 제4구 "상원상첨앙"에 해당하는 말을 살펴보겠습니다. 범어로는 '쁘레마니야premaṇīyā'라는 말인데, 이는 형용사이지만 서술적 용법으로 쓰였습니다. '사랑받게 되리라'는 말을 '항상 원하며 항상 우러러보아야 하리라'로 번역한 것 역시 큰 무리는 없다고 봅니다.

요컨대, 『관세음보살』에 수록한 저의 번역 중에서 이 제20송은 오역은 아닙니다. 그 당시 이미 범본을 살폈기 때문입니다. 그럼에도 불구하고 다시 살펴보는 것은, 제20송에서 말하는 오관이 어떤 명상수행이 아니라 '관세음보살의 눈'에 대한 이야기라는 점을 새삼 확인하고 싶어서입니다. 이제 그러한 눈으로 중생의 고통과 고뇌를 남김없이 관찰해 주시는 분이 관세음보살이라는 점을 분명히 알게 되었습니다. 무진의보살이 찬탄하는 맥락이 바로 거기에 있었던 것입니다.

제24송, 관세음보살의 소리

번역의 보충

중송 제24송 역시 깊은 사색을 요구하는 게송입니다. 우선, 한문 원문과 『관세음보살』에서의 번역을 살펴보겠습니다.

묘음관세음妙音觀世音

범음해조음梵音海潮音

승피세간음勝彼世間音

시고수상념是故須常念

묘음妙音과 관세음觀世音

범음梵音과 해조음海潮音은

저 세간의 소리보다 훌륭하노니

모름지기 언제나 [관세음보살을] 염할지어다.

'소리 음音'이 붙어 있는 말이 네 번 나옵니다. 앞의 제20송은 '볼 관'이 다섯 번 나오기에 '오관게'라는 이름으로 불린다고 했습니다. 그런데 제24송에 대해서는 달리 이름이 없었습니다. 그래서 제 나름으로 '사음게四音偈'라 부르겠습니다.

247

사음게는 오관게와 더불어 『관음경』 중송 중에서 그 의미를 파악하기 쉽지 않은 게송입니다. 번역에서 한 걸음 더 나아가서 이 게송의 의미를 이해해 보고자 할 때, 어려운 문제 하나가 보입니다. 바로 묘음, 관세음, 범음, 그리고 해조음을 어떻게 이해할 것인가 하는 점입니다.

우선, 우리말로 옮길 경우 '묘음'은 '묘음' 그대로 둘 수도 있고, 아니면 '묘한 음성'으로 풀어줄 수도 있습니다. 만약 풀어주게 된다면 다른 것은 어렵지 않습니다만 '관세음'을 어떻게 풀 것인가 하는 점은 쉽지 않습니다. '세간을 관하는 음성'이라 볼 수도 있고, '관세음보살'을 가리킨다고도 볼 수 있기 때문입니다. 이 문제를 확실히 하기 위해 검토해야 할 자료는 역시 범본 『관음경』입니다. 일단 해당 부분의 범본을 번역해 보도록 하겠습니다.

megha-svara dundubhi-svaro

jala-dhara-garjita brahma-susvaraḥ

svara-maṇḍala-pāramim gataḥ

smaraṇīyo avalokiteśvaraḥ

천둥소리를 지니고, 큰 북소리를 지니며,

큰 바다의 파도 소리를 지니고, 범천의 아름다운 소리를 지니고 있으며,

모든 음계의 [소리를] 다 갖춘 소리를 지닌

관세음보살은 칭념稱念되어야 하리라.

앞의 제20송의 다섯 가지 '관'에 해당하는 범본의 말은 모두 복합어라 하였습니다. 여기서도 그렇습니다. 네 가지 '음'은 다 복합어로, 명사를 수식하는 형용사 역할을 합니다. 그래서 '…을 지닌', 혹은 '…을 가진'이라는 뜻을 넣어서 해석해야 합니다. 한문으로는 '유재석'이라 한다는 것도 앞서 말씀드린 바 있습니다. 다소 어려울 듯해서 다시 한 번 더 말씀드립니다. 제20송의 오관과 여기 제24송의 네 가지 음 모두 소유복합어입니다.

구마라집이 구체적으로 범어 단어를 어떻게 한문으로 옮겼는가, 정확히 1:1로 대응되는가 하는 문제는 복잡하기도 하거니와 그리 큰 문제는 아닙니다. 그 정도는 역자 구마라집의 재량으로 보아도 좋을 것입니다.

그보다 더욱 본질적인 문제는 바로 나머지 세 가지 소리와 이 '관세음'이라는 말의 관계입니다. 우선, '관세음'에 해당하는 범어는 'Avalokiteśvaraḥ'입니다. 바로 '관세음보살'이라는 뜻입니다.

앞서 말씀드렸듯이 소유복합어는 형용사입니다. 앞의 제20송에서는 소유복합어로부터 수식받는 명사가 생략되었습니다. 하지만 여기 제24송에서는 생략되지 않았습니다. 바로 '관세음보살'로 번역되는 '아발로키테슈바라하 Avalokiteśvaraḥ(남성·단수·주격)'가 그것입니다. 이러한 점을 번역에 반영하게 되면, '범천의 아름다운 소리를 지니고 있는 … 관세음보살은'이 됩니다.

이렇게 문법적으로 형용사와 명사의 관계를 명확히 하게

될 때 드러나는 것은, 구마라집의 번역에서는 네 음이 모두 평등하게 옮겨졌으나, 애초에 범본에서는 그렇지 않았다는 점입니다. 범본은 묘음, 범음, 그리고 해조음, 이 세 가지가 나머지 하나의 소리, 즉 관세음을 수식하는 역할을 하고 있음을 분명히 보여주고 있습니다.

범본을 따르는 한, '묘음, 범음, 해조음을 지니는 관세음보살은'으로 옮겨야 옳습니다. 그러나 한문 문장으로 보았을 때는 그렇게 이해될 수 없습니다. '묘음, 관세음, 범음, 해조음'이라 이해될 수밖에 없기 때문입니다. 이 양자의 차이가 바로 범본과 한역의 차이이기도 합니다.

그러니까 '관세음'을 '묘음, 범음, 해조음'과 다른 의미로 보면, 범본의 입장을 따르게 되는 것입니다. 범본에서는 한역에서 '관세음'이라 옮긴 말의 뜻이 분명히 '관세음보살'이라 밝혀져 있습니다. 그런데 한역 제24송의 제3구에서는 "승피세간음勝彼世間音"이라고 해버렸습니다. '저 세간의 (모든) 소리들보다 더 뛰어나다'라고 말입니다. 그러니 한역의 '관세음'은 범본과는 달리 '관세음보살'의 의미로 번역할 수 없게 됩니다. 모든 소리들보다 더 뛰어난 것 역시 소리여야 할 것이기 때문입니다. 그래서 한역 '관세음'을 우리말로 옮긴다면 '세간을 관하는 음성'이라 할 수 있을 것입니다.

지금까지 논의한 점을 고려하면서, 제24송의 번역을 새롭게 시도해 보았습니다.

[관세음보살의] 묘음妙音과 관세음觀世音

범음梵音과 해조음海潮音은

저 세간의 소리보다 훌륭하노니

모름지기 언제나 [관세음보살을] 염할지어다.

앞서 제시한『관세음보살』에서의 번역과 대조해 보면, 제1구 '묘음과 관세음' 바로 앞에 '[관세음보살의]'라는 말을 넣어주었다는 차이만 있습니다. 그렇게 해서 범본과 한역의 차이를 극복하고자 했습니다. 물론, 이 '[관세음보살의]'라는 말은 네 가지 소리 모두를 다 수식하게 됩니다.

비록『관세음보살』의 번역이 오역이라 보기는 어렵지만, 다소 미진한 점이 있었습니다. 이제 그 미진함을 보충하게 되었습니다.

무엇이 '관세의 소리'인가

'관세음'이 '세간을 관하는 음성'이라면, 도대체 무슨 의미일까요? 왜 관세음보살은 어떤 소리를 내고 있으며, 그 소리는 '묘음, 관세음, 범음, 해조음'이라 말해지고 '모든 세상의 소리들보다 훌륭한 소리'로 높이 평가되는 것일까요? 바로 이 질문을 제기하고 답을 내기 위하여 지금까지 장황한 논의를 이어왔습니다. 그 해답 역시『관음경』의 대강'에 있습니다. 다시 한 번 더 인용하면서, 필요한 부분에 밑줄을 그어봅니다.

선남자여, 만약 무량백천만억의 중생이 여러 가지 고뇌를 받고 있을 때 이 관세음보살[의 이름]을 듣고서는 일심으로 이름을 부른다면, 관세음보살은 즉시 그 음성을 관찰하시고 모두 벗어나게(解脫) 하실 것이다.

'관세음보살의 이름을 듣는 것'은 문명聞名이며, '일심으로 이름을 부르는 것'은 칭명입니다. 물론, 칭명은 곧 염불입니다. 종래의 관음신앙, 구체적으로『관음경』의 이해를 성찰해 보면 사실상 칭명만을 중시한 것이 아닌가 생각됩니다. 칭명 이전에 문명이 있는데도 말입니다. 칭명 이전에 반드시 문명이 있어야 합니다. 이 점을 좀 더 깊이 자각할 필요가 있다고 봅니다.

그렇다면, 문명 이전에는 무엇이 있을까요? 무엇이 있다고 보아야 할까요? 바로 호명呼名입니다. '『관음경』의 대강' 부분에서 '선남자여'라고 하는 호칭이 바로 호명입니다. 범어로 '쿨라푸트라kulaputra'라고 합니다만, 이는 바로 호격呼格 형태입니다.

여기서 혹시라도 의혹하는 분들이 계실지도 모르겠습니다. '선남자여'라고만 불렀으니 여자는 배제되는 것 아닌가, 라고 말입니다. 전혀 그렇지 않습니다. 지금 맥락에서는 무진의 보살이 부처님에게 질문을 제기하면서 대답을 이끌어내는 역할을 담당합니다. 그래서 '선남자여'라고 했을 뿐입니다. 만약『승만경』의 주인공 승만부인이나『관무량수경』의 위제희부인과 같은 선여인善女人(kuladuhitar)이『관음경』의 질문자로 등장했다면, 당연히 '선여인아'라고 불렀을 것입니다. 앞서 「놀라운 『관음경』」에서 이미 말씀드린 것처럼, 『관음경』의 이구에서는 딸이든 아들이든 구별하지 않습니다. 『관음경』에 남아선호는 없습니다.

그보다 더욱 결정적인 증거는 '무량백천만억의 중생'이라는 단어입니다. 부처님께서 말씀하신 '무량백천만억의 중생' 안에는 지금 이 글을 쓰고 있는 저의 이름 '김호성'은 물론이고, 이 글을 읽어 주시고 계신 독자 여러분의 성함 역시 들어있지 않겠습니까. 그러므로 저는 '선남자여'라는 말을 '김호성아'라고 들을 수 있어야 하고, 여러분 역시 바로 '선남자'의 자리에 '선남자'를 들어내고 그 대신에 여러분의 이름을 집어넣어서 들을 수 있어야 할 것입니다. 그런 것을 신독身讀이라 합니다. 몸으로 읽는다는 뜻입니다. 바로 경전 속으로 들어가 부처님과 '일대일'로 마주하는 그 자리에서 경전의 말씀을 읽으라는 이야기입니다. 그러니 어찌 '선여인'들이 배제되겠습니까.

이렇게 칭명 이전에 문명이 있고, 문명 이전에 바로 호명이 있다는 자각이야말로 우리로 하여금 관세음보살의 한없는 자비를 느끼게 해 줍니다. 그렇게 자비를 느끼는 마음, 그것이 믿음(信, 信仰, 信心)입니다. 우리 마음속에 관세음보살의 자비가 들어와 있음을 알아차리고 좋아하는 것, 그것이 곧 신심입니다.

관세음보살은 그 스스로도 주체할 수 없는 자비로 인하여 지금도 우리 한 사람 한 사람의 이름을 부르고 계십니다. 그

호명은 바로 우리를 관세음보살의 세계로 초청(초환招喚)하는 것입니다. 호명을 전제로 해서 문명하고, 문명한 다음에는 마침내 칭명하라는 말씀은 곧 우리에게 칭명하라는 명령(칙명勅命)임에 다름 아닙니다(문명과 칭명 사이에 믿음이 있다는 이야기는 앞서 드린 바 있습니다). 그렇게 초청해주시면서 하시는 명령에 호응하는 것, 응답하는 것이야말로 바로 '관세음보살, 관세음보살'이라 외는 칭명입니다. 그러므로 칭명은, 염불은, 곧 호명에 대한 응답입니다. '예, 저 여기 있습니다. 지금 갑니다.' 이런 말이 곧 '관세음보살, 관세음보살…'이라 외는 염불입니다.

이런 맥락에서 다시 한 번 더 생각해 보아야 할 것은 우리의 염불, 우리의 칭명의 주체는 우리가 아니라 관세음보살이라는 사실입니다. 우리가 주체로서 등장하기 전에 관세음보살이 먼저 주체로서 자리하고 있기 때문입니다. 그렇기에 중생주의가 아니라 관세음주의임을 깨닫게 되었고, 이렇게 강조하고 있는 것입니다.

물론, 우리가 관세음보살의 세계(이를 「백화도량발원문」에서는 '백화도량'이라고 합니다)를 향해서 나아가는 것입니다만, 그 전에 먼저 관세음보살님께서 우리의 세계로 나아오시는 것입니다. 그러한 모습을 극적인 장면으로 구성한 것이 33응신으로 화현하시는 것, 즉 보문시현普門示現입니다. 관세음보살은 우리에게로 다가오시고 우리는 관세음보살에게로 나아가는 것이, 마치 아버지가 아들에게, 아들이 아버지에게 달려가서 서로 포옹하는 것을 연상시킵니다. 부자상영父子相迎이라 할 만합니다.

아, 관세음보살님은 얼마나 자비로운 분인지요. 김춘수 시인의 시 「꽃」의 세계와는 달리, 우리가 그의 이름을 불러주기 전이라 하더라도 그는 다만 하나의 의미 없는 몸짓에 지나는 것은 아니었습니다. 먼저 그가 우리의 이름을 불러주고 계셨으니까 말입니다.

『관음경』 중송에서 번역이 누락된 부분

중송 제27~33송의 제시

앞에서 『무량수경』의 입장에서 『관음경』을 생각해 보았습니다. 그런데 그런 이야기를 들으신 분들 중에서는 반론을 제기할 수도 있을 것 같습니다. 이렇게 말입니다.

> 『관음경』을 『무량수경』의 입장에서 재해석하는 것은 어디까지나 저자인 김호성씨 개인적인 해석이나 관점일 것입니다. 그렇게 보는 객관적인 증거는 없지 않습니까? 관세음보살은 중생들에게 현세 이익을 주기 위하여 존재하는 분이고, 아미타불은 내세에 중생을 극락으로 인도하기 위하여 존재하는 분 아니겠습니까?

충분히 제기할 만한 이야기라고 봅니다. 그런데 그렇지 않습니다. 제가 이 책을 준비하는 과정에서 『관음경』을 다시 읽어보고 공부하면서 그 증거를 찾았기 때문입니다.

저처럼 정토신앙의 관점에서 『관음경』의 관세음보살을 이해하는 것이 가능할 뿐만 아니라 오히려 그렇게 보는 것이 옳다는 점, 구마라집이 누락시킨 번역으로 인해 실제로 동아시아에서 1,600년 이상이나 정토신앙과 관음신앙이 분단되었다는 점, 그리고 이제 마침내 그 사이의 간극을 메울 수 있게 되었다는 점을 확인할 수 있었습니다.

그 증거는 바로 현재 우리가 읽는 구마라집 번역의 한문 『관음경』에 중송의 마지막 일곱 송이 누락되어 있었다는 것입니다. 그래서 저는 제8장에 수록할 『관음경』의 우리말 번역에서 이 부분을 보역補譯해 주기로 했습니다. 그럼으로써 우리는 비로소 '완본 『관음경』'을 가지게 됩니다. 이제까지 우리에게는 '결본缺本 『관음경』' 밖에 없었던 것입니다.

그럼, 우선 그 일곱 송을 범본으로부터 번역해서 함께 읽어보도록 하겠습니다.

27.
이렇게 이 세상에서 [중생들을] 불쌍히 여기시는 분이며
미래세에 부처가 될 [그분],
모든 괴로움과 [괴로움을 낳는] 원인으로부터 오는 슬픔을
제거해 주시는
관세음보살에게 나는 예배한다.

28.
세자재왕世自在王을 도사導師로 모시고
법장法藏 비구는 세상 사람들에게 공양받았으며,

백겁이나 되는 [오랜 세월 동안] 많은 수행을 행하고서
위없이 청정한 깨달음을 얻은 부처가 [되었다.]

29.
[관세음보살은 어떤 때는] 왼쪽에서 [어떤 때는] 오른쪽에 서서
무량광도사無量光導師에게 부채질해 드리고,
여환삼매如幻三昧에 의해서
모든 불국토로 가서 승리자勝利者에게 공양하시네.

30.
서쪽에 안락의 산실産室,
청정한 안락세계[가 있으니,]
그곳에 이 무량광도사,
중생들의 조어장부調御丈夫가 지금 머무시고 있네.

31.
또한 그곳에는 여인이 없으니
어찌 그 어떤 사랑의 법칙이 있으랴.
저 승리자들은 화생化生하여
청정한 연꽃의 태胎에 앉게 되네.

32.
또한 저 무량광도사는

청정하며 신묘神妙한 연꽃의 태에서,

사자좌獅子座에 안좌安坐하시니

마치 샬라Sāla왕처럼 청정하네.

33.

또한 그와 같이 이 세간의 인도자는

이 삼계에서는 견줄 만한 존재가 없네.

나는 [이] 공덕장功德藏을 찬탄하고서,

속히 당신과 같은 최승자最勝者가 되리라. 이상.

앞에서 『관음경』의 구조를 분석할 때, 중송 중 제20~26송은 '무진의보살의 찬탄'이라 그 성격을 규정하였습니다. 이번에 범본으로부터 새롭게 번역한 제27~33송 역시 '무진의보살의 찬탄'에 들어갑니다. 무진의보살이 관세음보살을 찬탄하는 내용이기 때문입니다.

다음, 제27~33송을 내용적으로 구분해 볼 필요가 있습니다. 저는 다음과 같이 크게 세 부분으로 나누어서 보고자 합니다.

┌ 관세음보살에 대한 귀의 : 제27송
├ 안락세계의 무량광불 찬탄 : 제28~32송
└ 관세음보살처럼 되겠다는 발원 : 제33송

관세음보살에 대한 귀의를 고백하는 제27송은 내용적으로 볼 때 제26송과 아무 차이가 없습니다.

또한 무진의보살이 관세음보살에 대한 찬탄을 마치면서, 그 역시 관세음보살처럼 되겠다고 이야기하는 제33송은 좁게 보면 '무진의보살의 시'를 마무리하는 내용이고, 좀 더 길게 보면 중송을 마무리하는 부분이기도 하고, 더 길게는 『관음경』을 마무리하는 부분이기도 합니다. 그러한 역할을 하기에 충분한 내용입니다.

결국 『관음경』이 『무량수경』과 관련되어 있다는 점, 다시 말해서 관세음보살이 아미타불과 어떻게 관계 맺고 있는가 하는 점을 해명해 주는 증거는 제28송에서 제32송까지입니다. 이제 이들 게송을 하나하나 살펴보기로 합니다.

제28~30송의 의미

먼저, 제28송과 제29송의 의미를 『무량수경』에 비추어 보면서 살펴보겠습니다. 앞서 인용한 바 있습니다만, 제28송을 다시 한 번 더 읽어보겠습니다.

> 세자재왕世自在王을 도사導師로 모시고
> 법장法藏 비구는 세상 사람들에게 공양받았으며,
> 백겁이나 되는 [오랜 세월 동안] 많은 수행을 행하고서
> 위없이 청정한 깨달음을 얻은 부처가 [되었다.]

이 게송에는 두 가지 정보가 들어있습니다. 1·2구는 법장비구가 세자재왕여래를 스승으로 모셨다는 것이며, 3·4구는 오랜 세월 동안 수행을 행하여 부처가 되었다는 이야기입니다.

차례차례 살펴보겠습니다. 『무량수경』은 '법장비구 이야기'라고 할 수 있습니다. 그 이야기의 시작점은 바로 다음과 같이 시작되는 '법장비구의 출가'입니다.

> 그때, 그[처세불處世佛] 다음에 부처님이 계셨는데, 세자재왕여래·응공·등정각·명행족·선서·세간해·무상사·조어장부·천인사·불세존이라 이름하셨다.
> 그때 국왕이 [세자재왕]불의 설법을 듣고서는, 마음으로 기쁨에 가득 차서 위없이 높고 올바른 깨달음에 대한 뜻을 세우고서 나라를 버리고 왕위를 내던지고 사문이 되었다. 법장이라 이름하였으며, 집중력과 지혜와 용맹정진에 있어서 당시의 [비구들보다] 훨씬 더 뛰어났다.

다음으로 제28송의 3·4구와 관련되는 『무량수경』 본문을 읽어봅니다.

> 그때 저 비구는 부처님께서 설하신 [210억 국토의 부처님들이] 국토를 청정히 하는 것을 모두 다 보고서 위없이 높고 뛰어난 서원을 발하였다. 그렇게 [서원하신] 마음은 적정하였으며 그 뜻은 집착하는 바 없었으니, 모든 세간에서 능

히 [그와] 견줄 자가 없었다. 5겁이 다 하도록 불국토를 장
엄하는 청정한 행을 사유하여 실천하였다.

법장비구의 수행은 부처님의 국토를 장엄하는 청정한 행을
실천하는 것이었습니다. 그 행은 다른 부처님들의 불국토를
두루 관찰하고서 나름으로 새롭게 설계도를 만든 것입니다.
그러한 수행을 통해서 아미타불(=무량수불=무량광불)이 되신 것
입니다.

  이 『무량수경』의 말씀과 『관음경』의 제28송 사이에는 차
이가 있습니다. 바로 성불하기 전의 수행 기간입니다. 『무량
수경』은 5겁이라 하였으나, 『관음경』은 백겁이라 했습니다.
그런데 이 시간의 차이는 큰 문제는 아니라고 봅니다. 어차피
'겁'이라는 시간이 한량없는 시간이기에, 그런 엄청난 시간 단
위에서는 5겁이나 백겁이나 그 길이를 놓고 따지는 것에 무슨
큰 의미가 있을까 싶어서입니다.

  그러면 제29송을 다시 한번 읽어보겠습니다.

  [관세음보살은 어떤 때는] 왼쪽에서
  [어떤 때는] 오른쪽에 서서
  무량광도사無量光導師에게 부채질해 드리고,
  여환삼매如幻三昧에 의해서
  모든 불국토로 가서 승리자勝利者에게 공양하시네.

제29송 역시 두 가지 이야기를 하나로 합한 것이라 볼 수 있습니다. 1·2구는 무량광도사, 즉 아미타불을 모시는 모습을 묘사했습니다. 이와 관련하는 『무량수경』의 구절은 아미타불의 좌보처左補處로 관세음보살을, 우보처右補處로 대세지보살을 말하는 부분입니다. 이에 대해서는 뒤에서 집중적으로 살펴볼 생각이므로, 여기서는 줄이고자 합니다.

　3·4구는 법장비구의 마흔여덟 가지 서원 중 제23원과 관련하는 것으로 판단됩니다. 제23원을 옮겨 봅니다.

> 가령 제가 부처가 된다 하더라도, 저희 나라의 보살들이 모든 [불국토의] 부처님들을 공양하되, 부처님의 신력神力에 힘입어서 밥 한 끼 먹을 정도의 시간에 무량무수억 나유타無量無數億那由他의 모든 부처님 나라에 이르러서 [부처님들을 공양하지] 못 한다면, 저는 위없이 높고 올바른 깨달음은 얻지 않겠습니다.

한역 『무량수경』에서는 공양을 받을 부처님들이 존재하는 공간만을 말하고 있습니다만, 범본 『무량수경』에 보면 '공양의 시간' 역시 무량무수억 나유타겁 동안이라 되어 있습니다. 이 제23원을 저는 '승불공불원承佛供佛願'이라 이름합니다. 부처님의 위신력에 힘입어서 모든 부처님을 공양하고자 하는 원이기 때문입니다. 공양한다는 사실도 중요합니다만, 그렇게 공양할 수 있는 힘은 바로 부처님에게서 나온다는 점이야말로 더욱 중요합니다. 이때 부처님은 『관음경』에서나 『무량수경』에서나 공히 세자재왕여래입니다.

『관음경』제29송과 『무량수경』제23원을 비교해 보면 모든 불국토로 가서 모든 부처님들께 공양을 올린다는 점에서는 같습니다. 다만, 차이가 없지도 않아 보입니다. 『무량수경』에서는 그렇게 공양을 올리게 되는 원동력은 바로 부처님의 위신력이라고 하였습니다만, 『관음경』에서는 여환삼매, 즉 모든 것을 허깨비로 인식하는 삼매의 힘에 의해서라고 하였습니다. 『관음경』보다 『무량수경』이 좀 더 불타의 입장에서 말하는 것으로 생각됩니다. 말하자면, 불타주의佛陀主義의 입장이 강하다고 하겠습니다.

『관음경』은 여환삼매를 관세음보살의 삼매라고 하였습니다. 관세음보살이라면 그러한 삼매를 얻는 것은 그다지 어렵지 않을 것이기 때문입니다. 다만, 우리 중생들에게는 그러한 여환삼매의 힘을 의지한다는 것은 쉽지 않아 보입니다. 그런 점에서 『무량수경』의 그저 '부처님의 힘에 의지한다'는 말이 중요한 부분이 됩니다. 그래야 그 원은 우리 중생들도 행할 수 있는, 현실적으로 접근 가능한 원이 될 수 있기 때문입니다. 제23원의 이름에 '승불', 즉 '승불위력承佛威力'의 의미를 담았던 까닭입니다.

다음 제30송을 다시 읽어봅니다.

서쪽에 안락의 산실産室,

청정한 안락세계[가 있으니.]

그곳에 이 무량광도사,

중생들의 조어장부調御丈夫가 지금 머무시고 있네.

법장비구, 즉 법장보살이 부처를 이루었는데 그 이름이 아미타불입니다. 아미타불은 한문으로는 무량수불無量壽佛, 혹은 무량광불無量光佛이라고 옮길 수 있습니다. 제29송에서도 나옵니다만, '무량광도사'라는 표현은 곧 '무량광불'을 가리킵니다. 도사導師는 길을 안내하는 분이라는 뜻으로, 부처님을 가리키는 말임은 불교의 기본 상식입니다. '조어장부'라는 말 역시 부처님의 열 가지 별칭(名號) 중에 하나입니다. "전쟁터에서 적을 이기는 것보다 스스로를 이기는 것이 참된 영웅"이라는 『법구경』의 말씀에서, '조어'라는 의미를 확인할 수 있습니다. 스스로 자기를 잘 제어한다는 의미입니다.

또한 무량광도사가 사시는 세계의 이름을 "안락세계"라고 하였습니다. 이러한 『관음경』의 서술은 정확히 『무량수경』의 다음과 같은 말씀과 일치합니다.

아난이 부처님께 여쭈었다. "법장보살은 이미 부처를 이루어서 열반을 얻었습니까, [혹은] 부처가 되지 못했습니까, [혹은] 지금 [정토에] 계시면서 [법을 설하시는 것입니까?]"

부처님께서 아난에게 말씀하셨다. "법장보살은 지금 이미 성불하셔서서 현재는 서방에 계시면서 [법을 설하시고 있다.] 여기서부터 십만억의 국토를 지나서 [있는] 그 부처님 세계는 '안락'이라 이름한다."

『무량수경』에서는 '극락'을 '안락'으로도 부릅니다. 저는 정토 신앙을 구성하는 세 가지 요소를 세 가지 기둥이라는 뜻에서 '정토삼주淨土三株'라 부릅니다. 첫째는 서방에 극락세계, 즉 안락세계라는 불국토가 있다는 점이며, 둘째는 그곳에 아미타불이 존재한다는 점이고, 마지막 셋째는 '나무아미타불' 염불을 하면 왕생할 수 있다는 점입니다. 이 세 가지 기둥 중에서 앞의 둘을 『관음경』의 제30송에서도 표방하고 있습니다.

제31~32송의 의미

다음은 제31~32송의 두 송입니다. 이 두 송을 함께 묶어서 생각해야 하는 것은 동일한 주제를 말하고 있기 때문입니다. 우선, 제31~32송을 읽어본 뒤에 설명을 드리겠습니다.

또한 그곳에는 여인이 없으니
어찌 그 어떤 사랑의 법칙이 있으랴.
저 승리자들은 화생化生하여
청정한 연꽃의 태胎에 앉게 되네.

또한 저 무량광도사는

266

청정하며 신묘神妙한 연꽃의 태에서,

사자좌獅子座에 안좌安坐하시니

마치 샬라Śāla왕처럼 청정하네.

우선, 어려운 말이 하나 나왔습니다. '샬라왕'이라는 말인데, 사전에서는 힌두교의 신 비슈누Viṣṇu를 가리킨다고 되어 있습니다. 비슈누는 세상의 질서를 유지하는 신으로 매우 존숭받는 신입니다. 하지만 제32송의 내용만으로는 왜 갑자기 샬라왕을 인용하는지, 또 샬라왕이 어떻게 청정한 존재인지는 자세히 알 수 없습니다. 어쩌면 범본『관음경』이 만들어지던 그시절의 인도에서는 굉장히 대중화된 신이 아니었던가 생각됩니다. 누구나 다 아는 존재라 비유에 등장한 것 같습니다. 그렇게 이해하고 넘어가도록 하겠습니다.

제31송의 1구에서 안락국에는 "여인이 없다"고 하였습니다. 하지만, 여기서 주의할 것은 이 문제에 천착해서는 안 된다는 점입니다. 정말 안락국에 여인이 없는가? 여인이 없다고 한다면 남녀차별이 아닌가? 이런 식으로 이야기가 샛길로 빠져서는 안 됩니다. 왜냐하면, 이 두 게송이 말하고자 하는 바는 그런 데 있는 것이 아니기 때문입니다. 그렇다면, 도대체 제31~32송은 무슨 말을 하고자 하는 것일까요?

1·2구의 내용과 3·4구의 내용이 대립합니다. 1·2구에서는 사람이 태어날 때 부모의 사랑으로부터 인연을 맺는 것을 말합니다. 불교에서 한 생명이 만들어지는 방식을 말할

때, 네 가지가 있습니다. 태생胎生·난생卵生·습생濕生·화생化生입니다. 1 · 2구는 그 중의 '태생'이라는 방식을 말한 것입니다. 그런 방식은 우리가 사는 인간 세상의 방식이지만, 안락국에서는 그런 방식이 아닙니다. 3 · 4구에서 말하는 것처럼 안락국의 연꽃에서 태어납니다. 이를 '화생'이라 합니다.

안락국에서는 태생하지 않고 화생한다고 말하는 범본 『관음경』의 입장은 『무량수경』에서 말해지는 바와 조금 다릅니다. 『무량수경』 하권의 마지막 즈음에 가면 태생과 화생에 대한 말씀이 나옵니다. 다소 깁니다만, 우선 태생에 대한 이야기부터 들어보기로 하지요.

부처님께서 자씨[보살]에게 말씀하셨다. "만약 어떤 중생은 [아미타불의 본원을] 의혹하는 마음으로 여러 가지 공덕을 닦으면서 저 나라에 태어나고자 원하지만, 불지佛智·부사의지不思議智·불가칭지不可稱智·대승광지大乘廣智·무등무륜최상승지無等無倫最上勝智를 [믿고] 알지 못하고서, 이러한 여러 가지 지혜에 대해서는 의혹하고 믿지 않는다. 그러나 오히려 죄와 복[을 지으면 받게 되는 과보는] 믿으면서 선근善根을 닦으면서 저 나라에 태어나고자 원한다면, 이러한 중생들은 모두 저 [나라의] 궁전에 태어나서 오백 년 동안 내내 부처님을 뵙지 못하고 경전의 가르침을 듣지 못하고 보살과 성문들의 성스러운 무리들을 뵙지 못한다. 그러므로 저 국토에서는 그들을 태생胎生이라 부른다.

무엇보다 중요한 것은 범본 『관음경』에서는 안락국에는 태생이 없으며 오직 화생만 한다고 말하는 것과 달리, 『무량수경』에서는 안락국에도 태생이 있다고 말합니다. 그 태생은 '궁전'에 태어나는 것입니다. 그래서 후대의 정토학자들은 '태궁胎宮'이라는 표현도 씁니다. 또 이 궁전을 '변지邊地'라고 말하기도 합니다. 변지는 변방이라는 뜻입니다. 안락국의 중앙, 중심이 아니라 변방이라는 의미입니다.

어쩌면 그런 공간적·지리적 개념보다 더 중요한 것은, 같은 안락국에 태어나더라도 태생을 하게 되면 오백 년이라는 긴 세월 동안 불법승 삼보를 뵙지 못한다는 점이 아닐까 합니다. 안락국에 가서 부처님을 뵙고, 부처님으로부터 가르침을 듣고, 보살과 성문의 여러 대중들과 함께 수행하여 부처를 이루는 데 왕생의 기쁨과 보람이 있을 터인데, 그러한 기쁨의 체험이 오백 년 동안 미뤄진다는 것은 결코 좋은 일이 아닙니다.

그렇다면 왜 어떤 중생들은 안락국에 가더라도 태생으로 태어나는 것일까요? 이유는 간단합니다. 부처님의 지혜, 즉 구체적으로는 부사의지·불가칭지·대승광지·무등무륜최상승지를 '믿고 이해하지 못하기' 때문입니다. 제가 "[믿고] 알지 못하고서"라고 하여 대괄호 속에 '믿고'를 보충해 넣었습니다만, 한문 『무량수경』에서는 '불료不了'라고 하였습니다. '료(요)'는 '요달하다, 통달하다, 이해하다'라는 말입니다. 그러므로 한문을 번역하는 경우에는 '알지 못하고서'라고만 하는 것이 옳을지도 모릅니다.

하지만, 문맥을 고려한다면 여기서 '요'는 '신信'의 의미가 됩니다. 바로 뒤에 이어지는 화생에 대한 문장에서 '명신불지明信佛智'라는 말이 나오기 때문입니다. '분명히 불지를 믿는다'라고 되어 있지요. 그런 까닭에 저는 '요'의 의미는 '신', 내지 '신해信解'의 의미라고 생각해서 대괄호 속에 '믿고'라는 말을 넣어서 옮겼던 것입니다.

부처님의 지혜를 안다, 이해한다는 말은 부처님의 지혜를 믿는다, 믿어서 안다는 말입니다. 그런데 그렇게 믿지 않음으로써 알지 못하는 사람들은 안락국에 가서도 화생이 아니라 태생을 하게 된다는 것이지요. 물론 그러한 태생하는 사람들도 이 세상에 살 때는 선근을 많이 심었습니다. 여기서 우리는 종래 가졌던 선입견을 깨부숴야 할 필요를 느끼게 됩니다. 왜냐하면 종래에는 선행을 많이 행하게 되면 그 과보로 좋은 세상으로 가고, 악한 일을 많이 하게 되면 나쁜 곳으로 가게 된다고 믿어왔습니다. 물론, 『무량수경』 역시 선행을 하라고 말합니다. 요컨대, 불지를 믿지 않고서 그저 선근을 쌓는 것만으로 복이 되고 악을 행하는 것은 죄가 된다고 믿는 것은 잘못이라는 겁니다. 그러한 자세야말로 태생을 초래한다는 것입니다. 중요한 것은 불지를 믿는 것, 불지에 대한 믿음입니다.

태생의 문제는 역시 화생과 함께 생각할 때 더욱 쉽게 이해될 수 있습니다. 이제 『무량수경』에서 화생을 어떻게 말하고 있는지 살펴볼 차례입니다.

만약 어떤 중생이 불지에서부터 [무등무륜최상]승지까지 분명히 믿고서 모든 공덕을 짓고 신심으로 회향한다면, 이러한 중생들은 칠보의 연꽃 속에서 저절로 화생하여 가부좌하고 있다가 잠깐 사이에 상호와 [상호에서 나는] 광명, 지혜와 공덕을 모든 보살들처럼 갖추게 될 것이다.

다시, 자씨[보살이]여, 타방 [불국토의] 모든 위대한 보살들이 [깨달음을 얻고자 하는] 마음을 일으키고서 무량수불을 뵙고자 하여 [무량수불을] 공경하고 공양하며, [그러한 공경과 공양이] 모든 보살과 성문의 대중들에게도 미치게 한다면, 저 보살들은 [타방 불국토에서] 목숨이 끝난 뒤에는 무량수불의 국토에 태어날 수 있으리니, 칠보의 [연꽃] 속에서 저절로 화생할 것이다.

미륵[보살]이여, 그렇게 화생하는 자는 지혜[를 믿는 믿음이] 빼어나기 때문이다. [또] 그렇게 태생하는 자는 모두 지혜를 [믿는 믿음이] 없어서이니, 오백세 동안 언제나 부처님을 뵙지도 못하고, 경전의 가르침을 듣지도 못하며, 보살이나 성문의 무리들을 뵙지도 못하고, 부처님께 공양을 올릴 인연도 없으며, 보살이 어떻게 행하는지를 알지도 못하며, 공덕을 닦을 수도 없게 된다. 이 사람은 전생부터 [부처님의] 지혜[를 믿는 믿음이] 없었으며, [부처님의 지혜를] 의혹한 까닭이다.

부처님의 지혜를 믿는 것이 먼저이고, 선행을 행하더라도 그러한 지혜를 믿으면서 행하고, 그러한 공덕을 다시 신심으로 회향할 것을 분명히 하고 있습니다. 그래야 화생할 수 있다는 것입니다.

즉 태생하느냐, 화생하느냐의 분기점은 선을 행하느냐 하지 않느냐에 있는 것이 아니라 부처님의 지혜를 믿느냐 믿지 못하느냐, 혹은 부처님의 지혜를 믿으면서 선행을 하느냐, 부처님의 지혜는 믿지 못하고 오로지 선행의 과보에만 의지하느냐에 달려있다는 것입니다. 물론, '태생한다고 하더라도 안락국이니까 좋은 곳이고 한 500년쯤 기다렸다가 무량광도사, 즉 아미타불을 뵙는데 뭐가 안 좋은가?'라고 생각할 수도 있습니다. 그럴지도 모릅니다. 윤회하는 것보다는 낫겠지요. 그러나 경전에서는 질러가는 길이 있는데 돌아가라고 설하지는 않습니다. 쉽게 가는 길이 있는데 어렵게 가라고 말하지 않습니다.

이렇게 본다면, 무엇보다 중요한 점은 부처님의 지혜를 믿는 것, 내지 믿어서 아는 것입니다. 아는 것도 믿음으로부터 나오는 것이지요. 그런 점에서 저는 『무량수경』을 번역하면서 한문 '개무지혜皆無智慧'를 '모두 지혜가 없어서'라고 하지 않고 "모두 지혜를 [믿는 믿음이] 없어서"라고 옮겼으며, '무유지혜無有智慧' 역시 '지혜가 없다'라고 옮기지 않고 "[부처님의] 지혜[를 믿는 믿음이] 없었으며"라고 옮겼던 것입니다. 대괄호를 적극적으로 활용하여 숨어 있는 의미까지 드러내고자 했습니다. 믿음의 중시라는 맥락을 놓쳐버리고, 지혜를 중시하는 맥락으로 오해해서는 안 되기 때문입니다.

　　믿음이 중시되면 부처님을 중심으로 생각하고, 부처님을 주어(주체)로 생각하는 '불타주의', 즉 '아미타주의'가 되지만, 지혜를 중시하면 마치 그것이 중생 스스로의 지혜로 오해될 수 있기 때문입니다.『무량수경』의 맥락은 결코 '중생주의'의 입장일 수 없습니다.

　　바로 이렇게『무량수경』의 맥락에서 범본『관음경』제 31~32송에서 말하는 바를 파악할 때 올바로, 또한 깊이 이해될 수 있습니다. 관세음보살의 지혜 역시 무량수불의 지혜를 믿을 때처럼 믿어야 한다는 것, 그것이 바로 '관세음주의' 입니다.

'완본 『관음경』'의
우리말 옮김

일러두기

1 이 책의 '완본 『관음경』의 우리말 옮김은 대정신수대장경 제9권에 수록되어 있는『묘법연화경』(구마라집 역)의 「제25관세음보살보문품」을 저본으로 삼는다.

2 『묘법연화경』「관세음보살보문품」은 산스크리트본(범본)이 남아 있다. 따라서 한역본을 저본으로 삼아서 번역하지만, 분명한 의미 파악을 위하여 범본을 참조하였다. 가끔 범본을 우선하여 따른 경우도 있다. 이를 위해서 오래전 책이지만 『범문해설 관음경(解説梵文観音経)』(渡辺大濤 저, 東京 梵文原典刊行會, 1941.)을 의지하였다.

3 특히 범본에는 존재하지만 한역 『관음경』에서 번역이 누락된 일곱 송(제27~33송)은 새로 번역하여 보완하였다.

4 초판본의 번역을 새롭게 수정하거나 보완해 주는 곳에서는 대괄호 속에 주註를 넣어서 그 점을 밝혔다.

5 문맥의 파악을 위해 필요하다고 판단되는 곳에서는 대괄호 속에 보충하는 말을 넣어둔 곳이 있다.

6 쉬운 의미 파악을 위해 역자 임의로 원문에는 없는 소제목을 붙여 두었다.

1. 관세음보살이라 불리는 이유

그때 무진의無盡意보살이 자리에서 일어나서 오른쪽 어깨를 드러내고서 합장하여 부처님께 다음과 같이 말하였다.

"세존이시여, 관세음보살은 어떠한 인연으로 관세음觀世音이라 이름합니까?"

부처님께서 무진의보살에게 말씀하셨다.

"선남자여, 만약 무량백천만 억의 중생이 여러 가지 고뇌를 받고 있을 때 이 관세음보살[의 이름]을 듣고서는 일심一心으로 이름을 부른다면, 관세음보살은 즉시 그 음성을 관찰하시고 모두 벗어나게(解脫) 하실 것이다."

2. 칠난七難

"이 관세음보살의 이름을 지닌다면 가령 큰불에 휩싸이게 되더라도 불이 능히 태울 수 없게 될 것이니 이 보살의 위신력威神力 덕분이다. 가령 홍수에 떠내려가더라도, 그 이름을 부르면 곧 수심이 낮은 곳에 이르게 되리라. 백천만 억의 중생이 금·은·유리·자개·마노·산호·호박·진주 등의 보배를 찾으러 큰 바다에 들어갔는데, 가령 검은 바람이 그 배에 불어서 나찰羅刹 귀신의 나라에 표류하게 되었다 하자. [그럴 때] 그

가운데 한 사람이라도 관세음보살의 이름을 부른다면, 이러한 사람들이 모두 나찰 귀신의 나라에 표류한 고난으로부터 벗어나게 되리라. 이러한 인연으로 관세음보살이라 이름하는 것이다.

다시 어떤 사람이 해를 입게 되었을 때 관세음보살의 이름을 부른다면, 해를 입히려는 사람이 갖고 있는 칼과 몽둥이가 이내 조각조각 부서져서 마침내 [위험으로부터] 벗어나게 될 것이다.

삼천대천국토에 가득 찬 야차夜叉(Yakṣas)와 나찰羅刹(Rākṣasa)이 와서 괴롭히고자 하더라도, 그가 부르는 관세음보살의 이름을 들으면 이 모든 악귀들이 나쁜 눈으로 그를 볼 수도 없거늘 하물며 다시 해칠 수 있겠는가.

가령 어떤 사람이 죄가 있든 죄가 없든, 쇠고랑·차꼬·칼·쇠사슬 등으로 몸이 묶여 있을지라도, 관세음보살의 이름을 부르면 그 모든 것이 다 부서져서 곧 놓여나게 될 것이다.

삼천대천의 국토에 도적들이 가득한데, 어떤 한 거상巨商이 여러 상인들과 함께 귀중한 보배를 갖고서 험한 길을 지나간다고 하자. [그럴 때] 그중에 한 사람이라도 '여러분(善男子), 두려워하지 마십시오. 여러분들은 이제 일심으로 관세음보살의 이름을 부르십시오. 이 보살님은 능히 두려움 없음을 중생들에 게 베푸시는 분이시니, 여러분들이 만약 [이 보살님의] 이름을 부른다면 이러한 도적들로부터 완전히 놓여나게 될 것입니다.'라고 말할 때, 여러 상인들이 이 말을 듣고서는 다 함께 소리 내어 '나무관세음보살'이라 한다면, 그 이름을 부른 까닭에 곧 [모든 공포로부터] 완전히 놓여나게 될 것이다.

　　무진의보살이여, 관세음보살마하살의 위신력이 높고도 높은 것이 이와 같다."

3. 삼독三毒

"만약 어떤 중생이 성욕이 많다고 하더라도 항상 관세음보살을 염念하고 공경하면, 곧바로 욕망에서 벗어나게 될 것이다.

　　만약 어떤 중생이 화를 잘 낸다고 하더라도 항상 관세음보살을 염하고 공경하면, 곧바로 분노로부터 벗어나게 될 것이다.

　　만약 어떤 중생이 크게 어리석다 하더라도 항상 관세음보살을 염하고 공경하면, 곧바로 어리석음으로부터 벗어나게 될 것이다.

　　무진의보살이여, 관세음보살은 이렇게 큰 위신력이 있어서 [중생을] 이롭게 하는 바가 많다. 그러므로 중생들은 언제나 마음으로 염해야 한다."

4. 이구二求

"만약 어떤 여인이 가령 아들을 낳고자 하여 관세음보살을 예배하고 공양한다면 곧 복이 있고 지혜로운 아들을 낳게 될 것이다.

　가령 딸을 낳고자 하여 [관세음보살을 예배하고 공양한다면] 곧 단정하고 예쁜 딸을 낳으리니, 일찍이 덕의 뿌리를 심었으니 많은 이들이 사랑하고 존경하게 될 것이다.

　무진의보살이여, 관세음보살에게는 이러한 힘이 있느니라.”

5. 공양의 공덕과 칭명稱名의 공덕

“만약 중생이 관세음보살을 공경하고 예배한다면, 복이 생기리라는 것은 틀림이 없을 것이다. 그러므로 중생들 모두가 관세음보살의 이름을 마땅히 받아 지녀야 할 것이다.

　무진의보살이여, 어떤 보살이 62억 항하사나 되는 보살의 이름을 받아 지녀서 목숨이 다하도록 음식·의복·침구·의약을 공양한다고 하자. 너는 어떻게 생각하느냐? 이렇게 하는 선남자 혹은 선여인의 공덕이 많겠느냐?”

　무진의보살이 대답하였다.

“매우 많습니다. 세존이시여.”

　부처님께서 말씀하셨다.

"또한 어떤 사람이 관세음보살의 이름을 받아 지니고 또한 번이라도 예배하고 공양한다면, 이 두 사람의 복은 정히 같아서 다름이 없을 것이다. [이렇게 두 경우에 쌓아 올린 복덕은] 백천만 억이나 되는 오랜 세월이 지난다 하더라도 가히 다 사라지지 않을 것이다. 무진의보살이여, 관세음보살의 이름을 받아 지니면, 이렇게 한량없으며 끝이 없는 복덕이 있는 것이다."

6. 중생 교화의 방법

무진의보살이 부처님께 사뢰었다.

"세존이시여, 관세음보살은 어떻게 이 사바세계에서 활동하는 것입니까? 어떻게 중생을 위하여 법을 설하는 것입니까? 방편의 힘에는 어떤 것들이 있습니까?"

부처님께서 무진의보살에게 말씀하셨다.

"선남자여, 만약 모든 세계(國土, lokadhātu)의 중생들을 붓다의 모습으로 나타나야 제도할 수 있다면, 관세음보살은 곧 붓다의 모습을 나타내서 법을 설하실 것이다.

마땅히 벽지불辟支佛(Pratyekabuddha)의 모습으로 나타나야 제도할 수 있다면, 곧 벽지불의 모습을 나타내서 법을 설하실 것이다.

마땅히 성문聲聞(Śravaka)의 모습으로 나타나야 제도할 수 있다면, 곧 성문의 모습을 나타내서 법을 설하실 것이다.

마땅히 범왕梵王(Brahman)의 모습으로 나타나야 제도할 수 있다면, 곧 범왕의 모습을 나타내서 법을 설하실 것이다.

마땅히 제석帝釋(Śakra)의 모습으로 나타나야 제도할 수 있다면, 곧 제석의 모습을 나타내서 법을 설하실 것이다.

마땅히 자재천自在天(Īśvaradeva)의 모습으로 나타나야 제도할 수 있다면, 곧 자재천의 모습을 나타내서 법을 설하실 것이다.

마땅히 대자재천大自在天(Maheśvara)의 모습으로 나타나야 제도할 수 있다면, 곧 대자재천의 모습을 나타내서 법을 설하실 것이다.

마땅히 천대장군天大將軍(Cakravartirāja)♦의 모습으로 나타나야 제도할 수 있다면, 곧 천대장군의 모습을 나타내서 법을 설하실 것이다.

마땅히 비사문毗沙門(Vaiśravaṇa)의 모습으로 나타나야 제도할 수 있다면, 곧 비사문의 모습을 나타내서 법을 설하실 것이다.

마땅히 왕(小王, Senāpati)♦♦의 모습으로 나타나야 제도할 수 있다면, 곧 왕의 모습을 나타내서 법을 설하실 것이다.

♦ 　　전륜성왕(轉輪聖王)
♦♦ 　　군왕(軍王)

마땅히 장자長者의 모습으로 나타나야 제도할 수 있다면, 곧 장자의 모습을 나타내서 법을 설하실 것이다.

마땅히 거사居士의 모습으로 나타나야 제도할 수 있다면, 곧 거사의 모습을 나타내서 법을 설하실 것이다.

마땅히 공무원*의 모습으로 나타나야 제도할 수 있다면, 곧 공무원의 모습을 나타내서 법을 설하실 것이다.

마땅히 바라문婆羅門(Brahman)의 모습으로 나타나야 제도할 수 있다면, 곧 바라문의 모습을 나타내서 법을 설하실 것이다.

마땅히 비구比丘(Bhikṣu)·비구니比丘尼(Bhikṣuni)·우바새優婆塞(Upāsaka)·우바이優婆夷(Upāsikā)의 모습으로 나타나야 제도할 수 있다면, 곧 그들의 모습을 나타내서 법을 설하실 것이다.

마땅히 장자·거사·재관·바라문의 부녀의 모습으로 나타나야 제도할 수 있다면, 곧 그들의 모습으로 나타내서 법을 설하실 것이다.

마땅히 소년·소녀**의 모습으로 나타나야 제도할 수 있다면, 곧 소년 소녀의 모습을 나타내서 법을 설하실 것이다.

마땅히 천天(Deva)·용龍(Nāga)·야차夜叉(Yakṣa)·건달바乾達婆(Gandharva)·아수라阿修羅(Asura)·가루라迦樓羅(Garuḍa)·긴나라緊那羅(Kiṇnara)·마후라가摩睺羅迦(Mahoraga)·사람이기도

◆　　　재관(宰官)

◆◆　　　동남(童男)·동녀(童女)

하고 아니기도 한 존재(인비인人非人)의 모습으로 나타나야 제
도할 수 있다면, 곧 모두 그렇게 나타내서 법을 설하실 것이다.

　　마땅히 집금강執金剛(Vajrapāṇi)의 모습으로 나타나야 제
도할 수 있다면, 곧 집금강의 모습을 나타내서 법을 설하실
것이다."

7. 시무외자施無畏者 관세음보살

"무진의보살이여, 관세음보살은 이러한 공덕을 성취하였으므
로 갖가지 모습으로 온 누리에서 활동하시면서 중생을 [어려움
으로부터] 벗어나게 하시느니라. 그러므로 그대들은 마땅히 일
심으로 관세음보살을 공양해야 하느니라. 이 관세음보살마하
살은 두렵고 긴급한 어려움에 처한 중생에게 능히 두려움 없음
을 베푸시기 때문이다. 그러므로 이 사바세계에서는 모두 '두
려움 없음을 베푸시는 분(Abhayandada)'♦이라 부르는 것이다."

8. 무진의의 공양과 관음의 사양

무진의보살이 부처님께 사뢰어 말하였다.

　　"세존이시여, 제가 이제 마땅히 관세음보살님을 공양하겠

♦　　시무외자(施無畏者)

284

습니다."

그리고 나서는 곧 목에서 백천 냥이나 되는 황금만큼의 값어치가 있는 여러 가지 보배구슬과 영락瓔珞을 풀어서 [관세음보살님께] 드리고서 다음과 같이 말하였다.

"성자*시여, 진리의 보시에 부응하는 진귀한 보배영락을 받으소서."

그러나 관세음보살은 그것을 받으려 하시지 않으셨다. [그러자] 무진의보살은 다시 관세음보살께 사뢰었다.

"성자시여, 저를 불쌍히 여기시고 이 영락을 받아주소서."

9. 부처님의 권유

그때 부처님께서 관세음보살에게 말씀하셨다.

"마땅히 이 무진의보살과 사부대중·천·용·야차·건달바·아수라·가루라·긴나라·마후라가·사람이기도 하고 아니기도 한 존재를 불쌍히 여기시고 이 영락을 받아주십시오."

◆   인자(仁者)

[이에] 곧 관세음보살은 사부대중 및 천·용·[내지] 사람이기도 하고 아니기도 한 존재들을 불쌍히 여기시어 그 영락을 받으시고서는, 둘로 나누셨다. 반은 석가모니불에게 올리시고, 반은 다보불多寶佛의 탑에 올리셨다.

[부처님께서 말씀하셨다.]

"무진의보살이여, 관세음보살은 이러한 자유자재한 신력神力이 있기에 이 사바세계에서 [중생을 제도하기 위하여] 활동하시는 것이다."

10. 세존께서 거듭 관세음보살을 찬탄하다

그때 무진의보살은 시(偈頌)로써 [부처님께] 여쭈었다.

"훌륭한 모습을 갖춘 세존(Citradhvaja)이시여,
제가 이제 거듭 그에 대하여 여쭈고자 하나이다.
저 보살(Jinaputra)◆은 무슨 인연으로
관세음이라 이름하나이까?"(1)

훌륭한 모습을 갖춘 세존께서는 시로써 무진의보살에게

◆　　불자(佛子)

대답하셨다.

　　"그대들은 관세음의 자비(行)에 대하여 잘 들어라.

　　[관세음의 자비는] 모든 중생들의 근기*에 잘

　　부응하시느니라. (2)

　　(관세음의) 큰 서원이 바다와 같이 깊으니

　　한량없는 세월이 흘러도 다 헤아릴 수 없어라.

　　수많은 천억의 부처님을 다 모시고서

　　크고 청정한 서원을 발하였도다. (3)

　　내 이제 그대를 위하여 간략히 설하노니

　　[관세음의] 이름을 듣고 [관세음의] 모습을 보며

　　마음으로 [칭]념한다면,

　　[관세음보살께서는] 그 사람들을 [제도하는 데 한 사람도]

　　그냥 지나칠 일이 없을 것이며

　　능히 모든 [고통을 부르는] 원인과 고통을 소멸하시리. (4)**

　　가령 [누군가가 그대를] 해치려는 마음을 일으켜서

　　큰 불구덩이에 밀어뜨렸다 하더라도

*　　　방소(方所)

**　　　이 제4송은 『관세음보살』의 오역을 수정한 것임.

저 관세음보살의 힘을 염한다면
불구덩이가 변하여 연못이 되리라. (5)

혹은 용이나 고기나 여러 귀신이 사는
큰 바다에 표류하는 난관에 처하더라도
저 관세음보살의 힘을 염한다면
파도에 빠지지 않으리라. (6)

혹은 수미산(須彌山(Sumeru)에 있을 때
다른 사람이 밀어서 떨어지게 되더라도
저 관세음보살의 힘을 염한다면
마치 태양이 허공에 머물고 있는 것처럼 되리라. (7)

혹은 악인이 밀어서
금강산에 떨어진다고 하더라도
저 관세음보살의 힘을 염한다면
터럭 한 올 해치지 못할 것이다. (8)

혹은 도둑들이 포위하고서
각기 칼을 들고 해하려 하더라도
저 관세음보살의 힘을 염한다면
[도둑들은] 곧바로 자비심을 일으키리라. (9)

혹은 정치적으로 어려움*을 당하여
형벌을 받아서 목숨이 끊어지려 하더라도
저 관세음보살의 힘을 염한다면
칼은 마디마디 끊어지고 말리라. (10)

혹은 감옥에 갇혀서 칼**이나 족쇄를 차고 있어서
손과 발이 묶여 있다 하더라도
저 관세음보살의 힘을 염한다면
곧바로 [포박으로부터] 벗어나게 되리라. (11)

주술呪術(mantra)과 주문呪文(vidya),
그리고 여러 가지 독약으로
[그대의] 몸을 해치려는 자가 있더라도
저 관세음보살의 힘을 염한다면
그에 의하여 [그대가] 본래 온 곳으로 가게 되리라. (12)

혹은 악한 나찰과 독룡,
여러 귀신들을 만났다 하더라도
저 관세음보살의 힘을 염한다면
그때 조금도 감히 해칠 수 없으리라. (13)

◆　　　왕난(王難)
◆◆　　가(枷)

289

예리한 어금니와 발톱을 가진
맹수에 포위되었다 하더라도
저 관세음보살의 힘을 염한다면
[맹수는] 곧바로 사방팔방으로 도망가리라. (14)

독의 기운이 맹렬한
독사들에게 포위되었다 하더라도
저 관세음보살의 힘을 염한다면
소리에 따라서 [독사들은] 스스로 물러가리라. (15)

검은 구름으로부터 번개가 번쩍이고
벼락이 치고, 폭우가 내리더라도
저 관세음보살의 힘을 염한다면
곧바로 [그것들은] 다 소멸되리라. (16)

한량없는 고통을 당하고
한량없는 고뇌에 싸이는 중생을
관세음보살께서는 뛰어난 지혜의 힘으로 보시고서
능히 세간의 고통을 구해주시네. (17)

신통력을 갖추시고
널리 지혜와 방편을 닦으시고서
시방세계의 모든 국토에

몸을 나타내지 않는 곳 없으시네. (18)

갖가지의 온갖 악취惡趣

지옥·아귀, 그리고 축생들의

나고 늙고 병들고 죽는 고통들은

점차로 모두 소멸해 가리라." (19)

11. 무진의보살의 관세음보살 찬탄

[그때 실로 무진의보살은 기쁨으로 가득 찬 마음으로 이러한

시(偈, gāthā)를 읊었다.]

진실한 눈, 청정한 눈,

광대한 지혜의 눈

연민의 눈, 사랑의 눈[을 가지신 분이니]

항상 원하며 항상 우러러보아야 하리라. (20)

때가 없이 청정한 빛이

지혜의 햇빛이 모든 어둠을 깨뜨리고

능히 재앙을 초래하는 바람과 불을 굴복하는 것처럼

[관세음보살은] 세간을 두루 밝게 하시네. (21)

자비를 근본으로 하는 계율은 벼락과 같고

자비의 마음은 큰 구름과 같아서
감로의 법우法雨를 내려서
번뇌의 불꽃을 소멸하시네. (22)

싸움하고 소송하는 곳이나
전쟁터에 있어서 두려울 때
저 관세음보살의 힘을 염한다면
모든 해로움이 다 물러나리라. (23)

[관세음보살의] 묘음妙音과 관세음觀世音
범음梵音과 해조음海潮音은
저 세간의 소리보다 훌륭하노니
모름지기 언제나 [관세음보살을] 염할지어다. (24)

한 생각도 의심을 내지 말라.
관세음보살은 청정한 분(śuddha-sattva)이시니
괴로움, 재난, 그리고 죽음으로부터
능히 의지처依支處(śaraṇa)가 되리라. (25)

모든 공덕(guṇa)을 갖추고
중생을 자비의 눈으로 바라보시고
복덕은 바다처럼 한량없으니
[관세음보살님께] 예배해야 하리라. (26)

이렇게 이 세상에서 [중생들을] 불쌍히 여기시는 분이며
미래세에 부처가 될 [그분],
모든 괴로움과 [괴로움을 낳는] 원인으로부터
오는 슬픔을 제거해 주시는
관세음보살에게 나는 예배한다. (27)

세자재왕世自在王을 도사導師로 모시고
법장法藏 비구는 세상 사람들에게 공양받았으며,
백겁이나 되는 [오랜 세월 동안] 많은 수행을 행하고서
위없이 청정한 깨달음을 얻은 부처가 [되었다.] (28)

[관세음보살은 어떤 때는] 왼쪽에서 [어떤 때는]
오른쪽에 서서
무량광도사無量光導師에게 부채질해 드리고,
여환삼매如幻三昧에 의해서
모든 불국토로 가서 승리자에게 공양하시네. (29)

서쪽에 안락의 산실産室,
청정한 안락세계[가 있으니,]
그곳에 이 무량광도사,
중생들의 조어장부調御丈夫가 지금 머무시고 있네. (30)

또한 그곳에는 여인이 없으니

어찌 그 어떤 사랑의 법칙이 있으랴.

저 승리자들은 화생化生하여

청정한 연꽃의 태胎에 앉게 되네. (31)

또한 저 무량광도사는

청정하며 신묘神妙한 연꽃의 태에서,

사자좌獅子座에 안좌安坐하시니

마치 살라Sāla왕처럼 청정하네. (32)

또한 그와 같이 이 세간의 인도자는

이 삼계에서는 견줄 만한 존재가 없네.

나는 이 공덕장功德藏을 찬탄하고서,

속히 당신과 같은 최승자最勝者가 되리라." 이상. (33)

12. 유통분流通分

그때 지지持地(Dharaṇindhara)보살이 자리에서 일어나서 부처님께 사뢰었다.

"세존이시여, 어떤 중생이 이 관세음보살[보문]품에서 말하는 자재한 행위와 널리 시현示現을 나타내는 신통력에 대해서 듣는다면, 이 사람의 공덕이 적지 않음을 마땅히 알아야 할 것입니다."

[이렇게] 부처님께서 이 [관세음보살]보문품을 설하시자, 그 모임에 참여하였던 팔만사천의 중생들이 모두 견줄 데가 없이 높고 바른 깨달음을 얻으려는 마음을 일으켰다.

모든 것은 모든 것이 아닙니다

이제 붓을 놓기 전에, 마지막으로 변명을 하나 하지 않을 수 없습니다. 바로, 1부의 제목을 '관세음보살의 모든 것'이라 했기 때문입니다. 정말, 이 책에서 말씀드린 것이 '모든 것'인가? 그렇지는 않습니다. 그런 줄 알면서도, 독자 여러분들의 주의 집중을 이끌어내기 위한 전략으로 과장법을 썼습니다. 양해를 바랍니다.

사실 대장경을 다 섭렵하지도 않았고, 광범위한 불교사의 각 장면에 등장하는 관세음보살의 중생구제사衆生救濟史를 다 알지도 못하면서, 어찌 제가 그런 과람過濫한 말씀을 진심에서 우러나와서 할 수 있겠습니까. 만약 그렇다면 아만我慢이며 아상我相일 것입니다.

다만, 거의 반세기에 가까운 세월 동안 부처님 말씀을 듣고, 읽고, 생각하며, 글을 쓰고, 말씀드려왔습니다. 적어도 저에게는 학문일생學問一生이 곧 신앙일생信仰一生이었습니다. 그런 과정에서 제가 이어받은 '관음신앙의 모든 것'을 말씀드리고자 했을 뿐입니다.

저는 학문적으로는 인도 철학에서부터 일본불교까지, 또 철학에서 문학까지 편력이라고 할까, 방황이라고 할까요? 어지럽게(?) 살아왔습니다만, 그 출발점은, 또 그 귀착점은 어디까지나 한국불교입니다. 우리 불교일 수밖에 없습니다. 그런 점에서 저는 '한국불교의 아들'입니다.

그러한 한국불교의 전승 속에서 생각할 수 있는 한 '관세음보살의 모든 것'이라 할 수는 있을지도 모릅니다. 아니, 아닙니다. 그 역시도 제가 지금 다 토로해 놓을 수 없어서, 아직 다 말씀드리지 못한 바 없지 않습니다. 지금 이 「후기」를 구상하면서까지 고민했지만, 결국 이 책에서는 풀어놓지 못한 이야기가 있기 때문입니다.

바로 일연 스님의 『삼국유사』 속에 기록되어 있는 관음신앙에 대해서입니다. 다양한 관음신앙의 모습이 등장하지만, 특히 이 책에서 주의 깊게 언급한 '관세음보살과 아미타불의 연결'이라는 점에서 '노힐부득과 달달박박 이야기'나 '광덕과 엄장 이야기'에 등장하는 여인이 관세음보살의 화현으로서, 그녀가 만난 수행자들을 다 아미타불의 극락으로 이끄는 역할을 하고 있습니다. 이 점을 좀 더 『관음경』이나 『무량수경』과 관련해서 말씀드릴 필요가 있지 않은가 하고 마지막까지 고민하였습니다.

그러나 결국 말씀을 드리지 않기로 했습니다. 그 이유의 하나는 그 주제야말로 제가 논문을 써서 학계의 동학이나 후

학들에게 먼저 평가를 구해야 한다는 생각에서입니다. 그런 뒤에 다시 인연이 된다면 이러한 개설서, 내지 입문서에서 말씀드리는 순서를 취해야 할 것 같습니다. 그것이 학계의 관행이기 때문입니다.

또 다른 하나의 이유를 더 든다면, 저로서는 어떤 책이든 '미완성의 출판'으로 생각하고 있습니다. 그렇게 미완성되는 부분, 미흡한 부분을 남겨두어야 한다고 생각하고 있기 때문입니다. 남겨진 바로 그 부분을 메우려는 생각이 저를 공부하게 하고, 글을 쓰게 하기 때문입니다. '유통분'이라는 개념은 앞의 본문에서 말씀드린 바 있지만, 그렇게 '흘러'서 이어지는 또 다른 책과 '통하게' 될 것입니다. 그렇기에 지금 이 책은 그렇게 미래에 완성되어야 할 책의 한 '부분'일 뿐이라고 봅니다. 또 다른 인연을 기다립니다.

2부의 제목으로 삼은 '새로 찾은 관세음보살'에서 어떤 부분이 '새로 찾은' 내용인가? 또 그렇게 새로 찾을 수 있게 된 방법론은 무엇인가? 이런 점도 이 「후기」에서는 한 번 더 정리할 법한 이야기입니다. 하지만, 그 점은 더 이상 언급하지 않겠습니다. 이미 본문에서 충분히 말씀드렸기 때문입니다.

불교의 해석학에서는 '결전기후結前起後'라느니 '성상기하成上起下'라는 말을 합니다. '앞에서 논의한 것들을 맺으면서 뒤의 논의를 이끌어낸다'는 뜻이고, '위에서 논의한 부분을 이루어서 아래의 논의를 이끌어낸다'는 말입니다. 경전 해석에서 하는 그 말이 지금 제 삶의 현 단계를 가리키고 있지 않은

가 생각합니다. '정년定年'을 눈앞에 두고 있는 지금 이 시간은, 지난 공부를 정리하면서 또 미래에 이어질 공부를 점검해 보는 순간들이기 때문입니다.

석가모니 부처님의 깊은 은혜를 깊이 감읍하면서, 언제나 제 뒤에서 저를 따라오면서 저의 앞을 비추어 주신 관세음보살님, 그리고 저를 향해서 손짓해 주시는 아미타부처님을 생각합니다. 감사합니다.

나무석가모니불, 나무관세음보살, 나무아미타불

2024년 7월 23일

저자의 저서·역서 목록 1986~2024

아직 구할 수 있는 책도 있고, 이제는 구할 수 없는 책도 있습니다. 도서관이나 출판사의 창고에서 잠자고 있는 책도 있고, 다행히 지음知音을 만나서 읽히고 있는 책도 있습니다.

비록 그때그때 최선을 다하지 않은 것은 아니라 해도, 이제 와서 보면 고치고 싶은 부분, 새로 쓰고 싶은 아쉬움도 없지는 않습니다. 하지만 다 그럴 수는 없습니다. 역시 '인연'이 모여야 가능한 일이기 때문입니다.

혹시라도 찾아 읽으실 분이 계실까 싶어서 저서와 역서의 목록을 정리해 둡니다. 개정판이 출간되어 절판된 구간은 제목 앞에 '전前' 자를 써 두었습니다.

최근에 나온 책이 앞에 오는 순서로 정리합니다.

- 『관세음보살이여, 관세음보살이여』(개설서, 불광출판사, 2024년)

  前『관세음보살』(민족사, 2010)
- 『출가정신의 전개』(논문집, 민족사, 2022)
- 『정토불교성립론』(논문집, 조계종출판사, 2020)
- 『처음 만난 관무량수경』(강의록, 동국대학교출판부, 2019)
- 『꿈속에서 처음으로 염불춤을 추었다』(시집, 모과나무, 2017)
- 『나무아미타불』(역서, 모과나무, 2017)
- 『인도 인도 인도』(시집, 여래, 2017)
- 『정토교와 기독교』(공역서/논문집, 동연, 2017)
- 『결사, 근현대 한국불교의 몸부림』(논문집, 씨아이알, 2016)
- 『힌두교와 불교 – 『바가바드기타』의 불교적 이해 –』

  (논문집, 여래, 2016)
- 『계초심학인문(誡初心學人文)을 아십니까』(강의록, 정우서적, 2015)

  前『계초심학인문 새로 읽기』(정우서적, 2005)

  前『불교를 처음 배우려는 사람들에게』(민족사, 1993)

  前『계초심학인문』(민족사, 1993)
- 『바가바드기타의 철학적 이해』(논문집, 올리브그린, 2015)
- 『경허의 얼굴』(논문집, 불교시대사, 2014)
- 『불교해석학연구』(논문집, 2009)
- 『불교, 소설과 영화를 말하다』(평론, 정우서적, 2008)
- 『왜 인도에서 불교는 멸망했는가』(역서/역사서, 한걸음더, 2008)
- 『일본불교의 빛과 그림자』(평론, 정우서적, 2007)
- 『천수경과 관음신앙』(에세이·강의록, 동국대학교출판부, 2006)
- 『천수경의 새로운 연구』(논문집, 민족사, 2006)
- 『인물로 보는 일본불교사』(역서/개설서, 동국대학교출판부, 2005)

- 『천수경의 비밀』(강의록, 민족사, 2005)

  前『천수경 이야기』(민족사, 1992)
- 『대승경전과 禪』(학위논문, 민족사, 2002)
- 『배낭에 담아온 인도』(여행기, 여시아문, 2002)
- 『해설이 있는 우리말 법요집』(편저, 민족사, 2000)

  前『한글 불교의식집』(민족사, 1993)
- 『법계도기총수록』(역서/공역, 동국역경원, 1998)
- 『화엄경탐현기 4』(역서/공역, 동국역경원, 1997)
- 『원각경·승만경』(역서/공역, 민족사, 1996)
- 『책 안의 불교, 책 밖의 불교』(서평집, 시공사, 1996)
- 『방한암선사』(인물탐구, 민족사, 1995)
- 『화엄경탐현기 3』(역서, 동국역경원, 1995)
- 『어린이 천수경』(어린이, 불광출판부, 1994)
- 『화엄경탐현기 2』(공역, 동국역경원, 1994)
- 『깨달음, 돈오점수인가 돈오돈수인가』(공편저, 민족사, 1992)
- 『초기불교 교단과 계율』(역서, 민족사, 1991)
- 『이것이 불교다』(역서, 대원정사, 1987)
- 『선심초심』(역서, 해뜸, 1986)